Le Saint Suaire de Besançon

Dissertations pour et contre son authenticité

Transcriptions et présentations par

Mario Latendresse

Gravure de la Couverture

Gravure sur cuivre, haute de 116 mm, large de 170 mm, tirée sur soie blanche. Dans un encadrement de roses, d'œillets, de pensées, que déborde seule la tête mitrée de l'archevêque (Charles de Gorrevod ?), la scène traditionnelle du prélat assisté de deux chanoines ; tous les personnages sont barbus, vêtus de soutanes, d'aubes ou sur plis et de chapes ; une draperie décore le fond ; sur le sol pavé en échiquier, on lit ces mots : avec Privilege Petrus de Loisy. Au bas et hors cadre le commencement de l'oraison commune : Oraison. Sauveur du monde Puisqu'il vous a pleusl imprimer en vostre Suaire la figure de vostre S^{te} humanité. Source : Archives du Doubs [Gau84, texte en page 26 et reproduction à la planche I].

Sommaire

1	Introduction	7
2	Présentation de la Première Dissertation	11
3	Présentation de la Seconde Dissertation	17
4	Le Suaire de Besançon	23
5	Notes des Transcriptions	39
6	Dissertation Pour l'Authenticité	41
7	Dissertation Contre l'Authenticité	101
	Remerciements	126
	Bibliographie	128
	Table des Matières	133

CHAPITRE 1

Introduction

Le Saint Suaire de Besançon a été d'une très grande popularité pendant près de trois siècles. Il attira de nombreux visiteurs étrangers et ses ostensions rassemblaient des dizaines de milliers de pèlerins. Ce Suaire a disparu lors de la Révolution française. Il en reste de nombreuses petites reproductions, plus ou moins fidèles.

Le manuscrit 826 des archives de la bibliothèque de Besançon fait une description détaillée de ce Suaire. Ce manuscrit est composé de deux dissertations du 18e siècle, aux buts diamétralement opposés : la première pour l'authenticité du Suaire de Besançon, la seconde, contre son authenticité. Ces dissertations ne semblent pas avoir été publiées du vivant des auteurs, car on n'en connaît aucune publication au 18e siècle ou au début du 19e siècle.

Ces deux dissertations sont indépendantes : elles ne se réfèrencent pas, leur date de rédaction est séparée de plusieurs décennies, leur graphie est nettement différente, et leurs feuillets ont des dimensions différentes[1]. Ainsi, ces deux dissertations étaient des manuscrits indépendants avant d'être réunies sous la même cote du catalogue des archives de la bibliothèque de Besançon. Le manuscrit 826 est accessible au site web de MémoireVive sous la catégorie « archives de Besançon » [wdlBMdB]. Sa reproduction numérique haute définition permet de voir tous les détails de la graphie du manuscrit.

À ma connaissance, la première dissertation en faveur de l'au-

---

1. Les feuillets ont 281×192 mm pour la première dissertation, mais 220×167 mm pour la seconde.

thenticité n'a jamais été publiée avant 2015[2]. Ce livre en présente une transcription complète, inédite et modernisée. La seconde dissertation, en défaveur de l'authenticité, fut publiée en 1831 et 1855 [Ber31, Ber55]. J'ai repris la transcription de 1831 en y apportant plusieurs corrections en accord avec le manuscrit et en modernisant sa grammaire et son orthographe.

Le chapitre 2 fait une présentation de la dissertation pour l'authenticité en soulignant certains détails pertinents pour le Suaire de Turin[3], similairement pour la dissertation contre l'authenticité présentée au chapitre 3. La transcription de la première dissertation est présentée au chapitre 6 et la seconde dissertation est présentée au chapitre 7 . Des notes sur les transcriptions sont données au chapitre 5.

Les deux dissertations ne sont pas datées. Mais, on peut conclure que la première a été rédigée en 1714, tandis que la seconde ne peut avoir été écrite avant 1730 ou après 1790 (voir à ce sujet le chapitre 3). Ainsi, le Suaire de Besançon existait encore quand ces dissertations ont été rédigées. D'ailleurs, il est certain que l'auteur de la première dissertation a analysé de près le Suaire de Besançon, car il donne de nombreuses mesures précises de l'image du corps apparaissant sur ce suaire.

Le terme « suaire » porte à confusion, car il décrit un petit linge qui ne pourrait couvrir qu'une partie d'un corps, par exemple, seulement la tête. Bien entendu, le Suaire de Turin est de grande taille, avec plus de quatre mètres de long, et le Suaire de Besançon avait plus de deux mètres de long. Le terme « linceul » est mieux adapté pour la description de ces « suaires », ce qui est d'ailleurs discuté dans la première preuve du second manuscrit. Cependant, pour les notes et descriptions, j'utilise souvent le terme « suaire » pour demeurer conforme à ce terme très souvent employé dans les deux manuscrits. Naturellement, tous les termes « suaire » et « linceul » sont demeurés ainsi dans la transcription du manuscrit.

Le Suaire de Turin est bien connu par ses nombreuses reproductions photographiques et ses ostensions très populaires des 20e et 21e siècles (1931, 1978, 1998, 2000, 2010, et bientôt en 2015). Il

---

2. Une publication du manuscrit 826, écrite par Andrea Nicolotti et traduite par Cécile Brudieu, est annoncée pour la fin février/début mars 2015, par les Éditions Franche-Bourgogne.
3. Le Suaire de Turin est encore très populaire en 2015.

est reconnu aujourd'hui comme le seul suaire potentiellement authentique ayant servi à ensevelir Jésus de Nazareth. Tous les autres suaires des siècles passés, incluant le Suaire de Besançon, étaient des reproductions artistiques faites de mains d'homme. Ce fait est assez long à démontrer, car il faudrait passer en revue tous ces suaires. Mais la seconde dissertation le démontre pour le Suaire de Besançon.

D'autre part, il est très peu probable que ces auteurs aient pu analyser le Suaire de Turin, car il était très difficilement accessible et localisé en Italie, loin de Besançon. D'ailleurs, les auteurs ne prétendent nullement avoir vu le Suaire de Turin. On peut supposer qu'ils ont vu des reproductions de ce Suaire et lu des descriptions. Ce fait doit être pris en compte dans l'analyse de ces comparaisons.

Il y a une relation entre le Suaire de Besançon et le Suaire de Turin, si ce n'est au moins que les auteurs de ces dissertations comparent ces deux Suaires. Cela va probablement bien au-delà : on peut raisonnablement argumenter que le Suaire de Besançon était une copie imparfaite du Suaire de Turin. Entre autres, Paul Vignon [Vig02, p. 137–153] argumente dans ce sens. Il souligne que le Suaire de Besançon a des erreurs évidentes dont, entre autres, des reproductions simplistes des cinq plaies et l'absence des marques de flagellations visibles sur le Suaire de Turin.

C'est d'ailleurs l'un des intérêts de ces deux dissertations : leurs auteurs peuvent avoir analysé directement le Suaire de Besançon, pour en décrire précisément son image et le linge. C'est fort probablement le cas pour la première dissertation.

L'intérêt majeur du manuscrit 826 est dans la première dissertation, en faveur de l'authenticité du Suaire de Besançon, car elle prétend avoir une preuve de sa provenance de Constantinople en donnant explicitement un scénario de son acquisition durant la quatrième croisade, et de son transfert en France. Une liste des documents utilisés est présentée et des noms sont cités, dont le chevalier Othon de la Roche et son père Ponce. Cette preuve a été métamorphosée par plusieurs historiens en la « thèse de Besançon », donnant une provenance au Suaire de Turin. Cette thèse a été analysée par plusieurs historiens et un résumé en est présenté aux sections 4.4 et 4.5.

CHAPITRE 2

Présentation de la Première Dissertation

Section 2.1

Date de Rédaction et Auteur

Le manuscrit de la première dissertation, pour l'authenticité du Suaire de Besançon, n'indique ni son auteur ni sa date de rédaction. Toutefois, sa date de rédaction peut être estimée de la façon suivante.

Cette dissertation a sûrement été écrite après 1700, car elle réfère au livre de Baillet (Adrien Baillet, 1649–1706) [Bai01] publié en 1701. On peut y assigner une date plus précise en utilisant cet extrait du manuscrit :

> « Le Saint Suaire a été apporté de Constantinople à Besançon du temps de la cinquième [quatrième] croisade, au commencement du treizième siècle, en 1206, il y a cinq cent huit ans. » (I° 33) [1]

Ainsi l'auteur écrit en 1714. Bien entendu, que l'affirmation sur l'origine du Suaire de Besançon soit vraie ou fausse — elle est fausse selon toute vraisemblance — cela ne change pas cette évaluation.

Cette date de rédaction, 1714, est cohérente avec une autre affirmation du manuscrit. Le texte suivant affirme que, durant la rédac-

---

[1]. Aux chapitres 6 et 7 les transcriptions sont annotées dans les marges par les numéros des images du manuscrit 826 mis en ligne [wdlBMdB].

tion de la dissertation, le Suaire de Besançon est caché à cause de la guerre :

> « Il ne faut pas s'étonner si le Rédempteur en a ôté la vue et l'a fait cacher à l'occasion de la guerre. Dieu veuille qu'on la revoie bientôt, et que la paix nous procure un si grand bonheur. » (I° 69)

Ce texte est cohérent avec la demande, en 1705, du ministre Michel de Chamillart au Chapitre de ne pas exposer le Suaire pendant la guerre par « crainte de surprise » (Archives Départementales du Doubs, n° G 216, lettres des 17 et 23 février 1705). Louis Eberlé [Ebe86, pages 22–24] rapporte aussi que Louis XIV demanda, en 1706[2], d'arrêter les ostensions du Suaire de crainte que des soldats allemands se mêlent à la foule des pèlerins pour attaquer la ville par surprise[3]. Cependant, devant le grand froid hivernal de 1709, il y eut une procession spéciale « pour implorer la miséricorde de Dieu ». Les ostensions du Suaire ne reprendront régulièrement qu'en 1715[4].

---

2. Je crois qu'il s'agit plutôt de 1705 pour être cohérent avec la date rapportée par les lettres des 17 et 23 février 1705 dans les Archives Départementales du Doubs.

3. Maurice Gresset [Gre93] élabore sur ce sujet en soulignant qu'un complot pour introduire des soldats allemands durant les ostensions du Suaire de Besançon aurait peut-être été mis à jour.

4. Gian Maria Zaccone [Zac97] a daté cette dissertation antérieure à 1707 en utilisant l'affirmation, par l'auteur, de la condamnation du livre de Baillet sur la Sainte Vierge (mis à l'index en 1695) et en utilisant le silence de l'auteur de la condamnation en 1707 du livre « Les Vies des Saints » de Baillet. Toutefois, il est probable que l'auteur ne connaissait pas encore cette mise à l'index de 1707 quand il rédigeait cette dissertation en 1714.

Section 2.2

Structure de la Première Dissertation

La dissertation pour l'authenticité du Suaire de Besançon a quatre sections.

Préface (de I° 1 à I° 4) Un éloge sur le Suaire de Besançon. Cette section ne laisse aucun doute sur l'opinion de l'auteur concernant ce suaire.

Avertissement (de I° 5 à I° 24) Une admonestation des critiques des reliques de l'Église et du Suaire de Besançon en particulier, dont Adrien Baillet cité à plusieurs reprises. L'auteur y introduit aussi le livre de Jean-Jacques Chifflet [Chi24] en faveur de l'authenticité du Suaire de Besançon, cité aussi à de nombreuses reprises, mais que l'auteur critiquera aussi à propos du Suaire de Lirey dans le reste de la dissertation.

Première partie (de I° 25 à I° 70) Une argumentation en faveur de l'authenticité du Suaire de Besançon composée de huit preuves.

Deuxième partie (de I° 71 à I° 93) Une série de huit réponses à huit objections contre l'authenticité du Suaire de Besançon.

La Préface, naturellement, n'a aucune intention de prouver l'authenticité. La seconde section, l'Avertissement, donne un ton très polémique à la dissertation. On peut y voir clairement que l'auteur tente de discréditer les écrits d'Adrien Baillet et connaît bien le livre de Chifflet [Chi24] sur les Suaires.

Regardons plus en détail les huit preuves de la troisième section. La première preuve (voir section 6.3.1) utilise la tradition de l'église de Besançon, mais elle dépend largement du clergé, et il est possible, comme le fait remarquer l'auteur, que l'authenticité du Suaire n'a jamais été perçue comme un élément de Foi. De surplus, le clergé de Besançon n'a jamais déclaré officiellement que le Suaire était authentique. C'est toujours le cas pour le Suaire de Turin.

On peut dire que le coeur de cette dissertation se trouve dans la 2e preuve (voir section 6.3.2) où l'auteur tente de compléter la preuve de Chifflet à propos de la provenance du Suaire de Besançon. C'est une partie très controversée de la dissertation à propos d'Othon de la Roche. Elle a été analysée par de nombreux auteurs (voir section 4.5) et sévèrement critiquée.

La troisième preuve s'appuie sur la discipline ecclésiastique de l'église de Besançon. On peut accorder à Besançon une fermeté dans la Foi catholique même à travers des moments très difficiles, et cela pendant de nombreux siècles. Mais que la Foi catholique fut sauvegardée à Besançon, n'implique pas nécessairement une disciple sans reproches.

La quatrième preuve apparaît aujourd'hui comme une preuve de son inauthenticité, car l'auteur y affirme : « L'erreur se dément toujours de quelque endroit comme il est écrit, et le mensonge paraît tôt ou tard, de quelque manière qu'il soit couvert. ». On découvre à la fin du 18e siècle que le Suaire de Besançon n'est qu'une peinture.

La cinquième preuve présente une description détaillée de l'image du Suaire de Besançon : mesures de la largeur des mains, des pieds, des jambes, et beaucoup plus. Cette description permet de reconstruire les proportions de l'image du corps apparaissant sur le Suaire de Besançon. Mais cela n'est pas une preuve.

La sixième preuve est contradictoire : elle repose sur le fait que l'image du Suaire de Besançon est très peu altérée par le temps. Mais justement, ne serait-ce pas à cause du manque d'ancienneté du Suaire de Besançon qu'il serait ainsi ? Cela prouverait qu'il n'est pas authentique. L'auteur répond même à une objection : il serait peint !

La septième preuve est essentiellement fondée sur l'unicité du Suaire de Besançon. On peut difficilement contrer le fait qu'il était unique. Mais cela est difficilement une preuve. L'auteur soulève une importante question pour les croyants : « Est-il à croire que la Divine Providence ait laissé périr le véritable, si celui-ci ne l'était pas ; ou qu'elle le laisse caché et inconnu dans les terres des Infidèles, sans culte et sans honneur ? ».

La huitième preuve utilise les miracles associés au Suaire de Besançon. Mais cette preuve n'ajoute rien sur l'authenticité comme le démontre la seconde dissertation : c'est le prototype et la foi des fidèles qui est important.

Dans la dernière section, l'auteur répond à huit objections sur l'authenticité du Suaire de Besançon. La première objection, longuement traitée, concerne l'emplacement des plaies aux mains. Et là, on revient encore une fois à une comparaison avec le Suaire de Turin, car ces plaies sont aux poignets sur ce suaire, mais sur le Suaire de Besançon elles sont au milieu des paumes des mains. Voilà bien une différence embarrassante de laquelle l'auteur tente de s'extirper, et là va se jouer un choix : le Suaire de Turin ou le Suaire de Besançon deviendra inauthentique. Les implications de la réponse de l'auteur, même s'il tente d'en réduire les conséquences, ne peuvent être incomprises : le Suaire de Turin devient inauthentique. Les plaies doivent être dans les mains si l'on suit la tradition des stigmates des saints, la Bible, et plus encore. Mais nous savons aujourd'hui que les clous dans les paumes des mains ne peuvent soutenir un corps sur une croix. Sur une base objective et vérifiée, les plaies aux poignets sont des traits favorables à l'authenticité.

La deuxième objection aborde le sujet du petit suaire qui aurait été placé sur le visage de Jésus-Christ : sa présence aurait dû empêcher la formation d'une image sur le Suaire. L'auteur présente une solution ingénieuse, mais de toute façon est-on si certain qu'un tel petit suaire se trouvait sur le visage ?

La troisième objection relève qu'il y a plusieurs suaires de Jésus-Christ dans le monde. L'auteur répond que plusieurs suaires furent utilisés pour ensevelir Jésus-Christ. En fait, cette réponse n'est pas très convaincante, car tous ces suaires ne pouvaient être utilisés et qu'aujourd'hui la plupart ont été démontrés faux.

La quatrième objection avance que la toile du Suaire de Besançon n'était pas ancienne. Mais l'auteur répond qu'en fait la toile est tissée d'une façon inconnue en Occident. Étrangement, l'auteur ne répond pas directement à l'objection, mais mentionne un autre aspect du linge.

La cinquième objection note que l'image est peinte avec seulement les cinq grandes plaies sans les plaies de la flagellation. La réponse de l'auteur est contradictoire, car elle souligne que l'image ne peut être peinte sinon cette peinture serait disparue à cause de l'ancienneté de ce suaire. Mais, cette réponse suppose que le Suaire de Besançon est très ancien, un fait qu'il faudrait démontrer. L'absence des plaies de la flagellation est une comparaison avec le Suaire de Turin, et l'auteur s'en tire avec une explication difficile à croire : le Suaire de Turin a été utilisé au pied de la croix tandis que le Suaire de Besançon a été utilisé pour ensevelir le corps. Évidemment, aucun écrit biblique ne mentionne ces deux suaires et c'est plutôt l'imagination de l'auteur qui invente un artifice.

La sixième objection rapporte un fait historique important : lors de la réunion des deux Chapitres en 1253 à Besançon, l'inventaire des reliques n'a aucune mention d'un Suaire. La réponse de l'auteur est ingénieuse, mais elle ne peut répondre à un problème plus général : même après cette réunion, dans toutes les archives de Besançon, il n'y a aucune mention d'ostensions d'un suaire pendant plus de deux siècles. En plus, aucun ecclésiastique ni aucun visiteur étranger ne rapportent avoir assisté à une ostension d'un suaire à Besançon au 13e et 14e siècle. Le fait que l'église Saint-Étienne ait été incendiée en 1349 ne peut expliquer ce dernier fait.

La septième objection est assez faible : deux historiens illustres ne mentionnent pas le Suaire de Besançon bien qu'ils décrivent le Suaire de Turin. L'auteur répond simplement que même les plus savants historiens ne peuvent pas tout savoir. Et la huitième et dernière objection est essentiellement du même genre.

En résumé, les preuves illustrent plusieurs aspects historiques de l'église de Besançon et démontrent que l'auteur connaissait assez bien le Suaire de Turin, mais elles ne sont pas suffisantes pour prouver l'authenticité du Suaire de Besançon. La description détaillée de l'image du Suaire est intéressante, car on peut jusqu'à un certain point l'utiliser pour recréer cette image. Pour les objections, retenons la première : elle est en faveur de l'authenticité du Suaire de Turin et non en faveur du Suaire de Besançon. La partie la plus mystérieuse est la section « La Vraie Histoire du Saint Suaire » (voir 6.3.2) où Othon de la Roche et sa famille sont mentionnés pour tenter de prouver la provenance du Suaire de Besançon. Cette partie a été utilisée par plusieurs auteurs pour fonder une hypothèse (la « thèse de Besançon ») sur la provenance du Suaire de Turin. Cette hypothèse est analysée aux sections 4.4 et 4.5.

CHAPITRE 3

Présentation de la Seconde Dissertation

Section 3.1

Date de Rédaction et Auteur

La seconde dissertation, sur l'inauthenticité du Suaire de Besançon, n'a pas d'auteurs assignés. Cependant, une note en première page signée « Grappin » (Pierre-Philippe Grappin, 1738–1833), fut ajoutée, et identifie trois auteurs : le Prof. Jean-Baptiste Bullet (1699–1775), l'abbé Jean-Baptiste Fleury (1698–1754), chanoine de la collégiale de Sainte-Madeleine, et l'abbé Jacques-Joseph Trouillet (1716–1809). Grappin ajoute dans une note à l'académie des sciences et des lettres de Besançon que ce manuscrit a été rédigé par l'abbé Trouillet.

Toutefois, toutes ces indications apparaissent contradictoires, car des manuscrits de Nicolas-Sylvestre Bergier (1718–1790)[1] furent publiés dans un recueil [Ber31] en 1831 et l'on y retrouve cette dissertation ; de plus, le rédacteur du manuscrit utilise à plusieurs reprises le pronom singulier « je » (p. ex. « dis-je »), laissant sous-entendre un seul auteur. Ainsi, il est probable que cette seconde dissertation fut

---

1. Bergier est né en 1718 à Darney (Vosges), il était professeur de théologie à l'Université de Besançon en 1744, curé de Flangebouche de 1749 à 1766, puis directeur du grand collège de Besançon de 1766 à 1769, enfin chanoine de Notre-Dame de Paris de 1769 à 1790 [Ebe86].

composée par Bergier [2]. Dans l'ouvrage [Ber31], l'éditeur commente deux manuscrits de Bergier précédant le manuscrit sur le Suaire de Besançon :

> « Nous avons entre les mains un grand nombre de manuscrits de l'abbé Bergier. La plupart sont des extraits ou des analyses d'ouvrages relatifs aux matières dont il s'occupait. Quelques-uns consistent dans des dissertations peu étendues sur des sujets de philosophie ou de théologie, et paraissent avoir été composés dans la jeunesse de l'auteur. [...] Obligé de faire un choix sévère parmi ces ouvrages, qui, dans la pensée de l'auteur n'étaient pas destinés à voir le jour, nous ne donnons ici que deux de ces pièces, dont les sujets nous ont paru présenter quelque intérêt. [...] »

et il termine par un commentaire sur le manuscrit du Suaire de Besançon :

> « Nous plaçons à la suite de ces deux morceaux, une dissertation sur le Saint Suaire de Besançon, morceau qui nous a paru remarquable par l'érudition profonde dont l'auteur y fait preuve, non moins que par la pieuse réserve avec laquelle il combat une tradition fausse selon lui, mais toujours respectable. »

Toutefois, Gian Maria Zaccone [Zac97] considère que l'auteur est l'abbé Fleury en se référant aux remarques de Charles Weiss dans la *Biographie universelle ancienne et moderne* de Michaud. À son tour, Charles Weiss se réfère à Dunod [dC50] déclarant que, dans sa préface, il fait l'éloge de l'abbé Fleury et ajoutant que, cependant, il refusa d'y insérer une dissertation de l'abbé Fleury démontrant que le Suaire de Besançon n'était pas authentique. Probablement que Charles Weiss suppose au départ que cette dissertation provient de l'abbé Fleury. Il y a en effet un éloge de l'abbé Fleury par Dunod dans la section Avertissement [dC50, page XXV], mais aucune mention d'une dissertation sur le Suaire de Besançon par l'abbé Fleury. Je conclus que Dunod ne connaissait pas cette dissertation de l'abbé Fleury, car Dunod lui-même écrit longuement sur le Suaire sans citer Fleury.

---

2. Dorothy Crispino (1916–2014) cite cette dissertation en assignant Bergier comme auteur.

En résumé, il semble que pour confirmer le ou les auteurs de cette dissertation, il faudrait comparer les graphismes d'autres manuscrits de Bergier et Fleury avec le manuscrit de cette dissertation, ce que je n'ai pu faire.

Section 3.2

Structure de la Seconde Dissertation

La structure de cette dissertation est simple. Son auteur présente six preuves indépendantes de la non-authenticité du Suaire de Besançon.

La première preuve, la plus longue, s'applique à tous les suaires incluant le Suaire de Turin, car elle tente de démontrer qu'aucun drap uni d'une seule pièce aurait été utilisé pour ensevelir Jésus-Christ. Cette preuve repose essentiellement sur une analyse du texte grec des Évangiles, en particulier des mots grecs σίνδων (sindon, « linceul »), σουδάριον (soudarion, « suaire »), et ὀθόνια (othonia) que l'auteur de cette dissertation traduit toujours par « bandelettes » et non par « linges » (notez que ὀθόνια est au pluriel). Toutefois, plusieurs autres analyses ont été faites par des exégètes modernes [Bab95, Bab88, Rob84, Del77, Feu77] et l'on ne peut conclure que seulement des bandelettes et un petit suaire auraient été utilisés pour l'ensevelissement, c'est-à-dire que le mot ὀθόνια peut s'appliquer à des linges de petites et grandes tailles. Dans une telle analyse, il faut distinguer les narrations des Évangiles synoptiques (évangiles selon Matthieu, Marc et Luc) de l'évangile selon Jean. Lors de l'ensevelissement, les Évangiles synoptiques utilisent seulement le mot σίνδων (Matthieu 27:59, Marc 15:46, Luc 23:53) sans utiliser les mots ὀθόνια et σουδάριον. À la découverte du tombeau vide, Luc est le seul à décrire les linges laissés dans le tombeau et utilise seulement le mot ὀθόνια (Luc 24:12). Ce dernier détail est important pour l'analyse du mot ὀθόνια de l'évangile selon Jean, car l'évangile de Luc réfère ainsi au σίνδων, et d'autres linges non mentionnés par Luc durant l'ensevelissement, par ce seul mot ὀθόνια. Toutes les analyses, ainsi que l'auteur de la seconde dissertation, sont en accord sur le sens de σίνδων qui signifie un linge, peut être de grande taille, et non des bandelettes. Ainsi les Évangiles synoptiques sont cohérents avec l'interprétation d'un linceul d'une seule pièce utilisé pour couvrir le corps de Jésus-Christ.

D'autre part, l'évangile selon Jean décrit plus en détail l'ensevelissement utilisant les mots σουδάριον et ὀθόνια, mais pas le mot σίνδων. Le mot ὀθόνια est employé pour décrire les linges utilisés pour lier Jésus-Christ (Jean 19:40) et ce mot est répété quand « l'autre disciple » et Pierre voient les linges laissés gisant dans le tombeau (Jean 20:5–7). Toutefois, pour Lazare, les linges liant son corps sont décrits par χειρίαις (Jean 11:44) et non pas par ὀθόνια. Ainsi, ὀθόνια n'a pas seulement le sens de « bandelettes » dans l'évangile selon Jean. Le mot σουδάριον est utilisé pour décrire le linge qui était sur la tête de Jésus-Christ, et qui est décrit comme étant « roulé » (Jean 20:7). On pourrait conclure que le σουδάριον ne recouvrait pas le visage, mais qu'il était utilisé comme mentonnière pour retenir la bouche fermée [Rob84, page 43].

En résumé, le mot ὀθόνια ne signifie pas nécessairement « bandelettes », mais aurait plutôt un sens général de « linges » et le mot σουδάριον pourrait décrire une mentonnière roulée autour de la tête.

En fait, il est possible qu'une bandelette ou quelques bandelettes fussent utilisées pour lier les membres du corps, mais qu'un drap uni recouvrît ce corps. Remarquablement, le Suaire de Turin a cette caractéristique : la partie principale du linge est unie, mais une bande latérale d'environ 8 cm de large a été cousue (recousue ?) à cette partie. On peut facilement imaginer que cette bande de 8 cm fut coupée d'un drap tout uni, pour lier les membres du corps, mais qu'elle fut recousue à la partie principale par la suite, à une date inconnue.

La deuxième preuve est l'apparence de l'empreinte du corps : aucune flagellation n'y est visible, le dos du corps n'y apparaît pas, et l'empreinte est uniforme pour le visage. Ce dernier point est remarquable, car il fait référence au manque de vraisemblance de l'empreinte du visage par son manque de variation d'intensité en relation à la forme tridimensionnelle du visage. Cette variation existe pour l'image du Suaire de Turin, mais elle fut clairement observée et décrite pour la première fois en 1898 après que Secondo Pia fit la première photographie de ce suaire. Ainsi, ce raisonnement sur la nécessité de la variation d'intensité de l'image par rapport à la forme tridimensionnelle du corps est une observation de plus de cent ans antérieure à la première photographie de 1898. Nous ajouterons d'autres détails à ce sujet à la section 4.6.

La troisième preuve se fonde sur l'apparence trop récente du linge et de son image. L'auteur semble avoir analysé de près l'image du Suaire de Besançon. Il mentionne que la plaie de la lance est plus vive sur une face du linge, mais du mauvais côté gauche, car la tradition la présente toujours à droite, et il attribue cela à une erreur du peintre ayant mal compris le processus d'impression. En effet, une impression d'un objet sur une surface (p. ex. un linge ou une feuille de papier) transposera la droite et la gauche par rapport à l'objet vu de face. Tandis qu'un portrait, ou une photographie, d'une personne la représentent comme si elle était devant nous.

La quatrième preuve traite de l'apparence récente de l'image. Cette image visible des deux côtés du linge semble manifestement due à une application d'une ou plusieurs couleurs sur une face du linge.

La cinquième preuve souligne le manque de documents historiques identifiant ou décrivant le Suaire de Besançon dans les premiers siècles. Plus spécifiquement, il critique très négativement Bède à propos de son histoire sur un suaire gardé en Palestine par des juifs, et la croyance que l'image de Jésus-Christ gardé à Édesse était authentique. L'histoire de Bède est en effet peu croyable. Mais l'auteur ne présente aucun fait précis à propos de l'image d'Édesse.

La sixième preuve aborde les miracles attribués au Suaire de Besançon et a un fondement solide. L'auteur argumente, avec conviction, que les miracles attribués au Suaire de Besançon tiennent beaucoup plus au prototype qu'il représente, c'est-à-dire à Jésus-Christ, qu'à son authenticité. Que le Suaire de Besançon soit authentique ou pas, on peut concevoir que la piété des fidèles est suffisante pour produire des miracles. Que les miracles attribués au Suaire de Besançon soient vrais ou faux n'intéresse pas l'auteur de cette preuve. On peut conclure que les arguments de la longue section sur les miracles du Suaire de Besançon de la première dissertation s'effondrent rapidement.

CHAPITRE 4

Le Suaire de Besançon

Section 4.1

Les Ostensions du Suaire de Besançon

4.1.1 Les Ostensions Publiques

Le Suaire de Besançon était régulièrement exposé au public au moins deux fois par année à partir de 1520 environ jusqu'en 1792, à Pâques et à l'Ascension, mis à part les périodes de guerre. Durant le 18e siècle, il sera exposé quatre fois par année en ajoutant deux jours d'exposition, le dimanche de Quasimodo[1] et le dimanche suivant l'Ascension. Cela aida les pèlerins étrangers à venir voir l'ostension sans quitter leur diocèse durant la fête de Pâques ou de l'Ascension. La dernière ostension eut lieu le 8 avril 1792, le dimanche de Pâques.

Au début, le Suaire est exposé dans l'église Saint-Étienne, mais rapidement ces ostensions sont si populaires que l'espace dans l'église ne suffit plus à contenir les pèlerins. Ainsi, après seulement quelques années, en 1522, une balustrade en pierre est construite à l'extérieur de l'église, près du porche, pour exposer le Suaire.

En 1668, l'église Saint-Étienne est abandonnée et puis démolie pour faire place à la citadelle de Vauban. À partir de 1669, les ostensions sont faites à la cathédrale Saint-Jean, du haut du clocher sur une galerie en bois, accessible par les fenêtres, construite

---

1. C'est le dimanche suivant le dimanche de Pâques, appelé aussi la fête de la divine miséricorde depuis 2000.

à chaque ostension. Une salle dédier au Suaire, avec portes de fer, est construite dans la tour du clocher. Le Suaire est enfermé dans un coffre de vermeil gardé sous clé dans un coffre en bois, situé dans la chapelle du saint Suaire de l'église. En février 1729, on observe que le clocher menace de s'effondrer, ce qui arriva le 25, mais le matin même avant l'effondrement, le Suaire fut déplacé dans la sacristie. En 1730, la construction d'un nouveau clocher débute sur un emplacement différent, plus élevé, et de grandes fenêtres sur les quatre faces de la tour du clocher sont construites, avec balcons, pour permettre l'ostension du Suaire. Le jour de l'ostension, les balcons étaient décorés de damas rouge à crépines d'or [Gui67].

L'Abbé Guibard [Gui67] relate les détails d'une ostension typique du Suaire de Besançon. Le Suaire était montré avant la grande messe, soit par l'Archevêque le dimanche de Quasimodo, ou par un représentant du Chapitre le dimanche suivant l'Ascension. L'ouverture du coffre de bois se faisait à la chapelle du saint Suaire en même temps que les chantres entonnaient l'hymne *Jesu, nostra redemptio*, puis tous montaient lentement dans la tour du clocher avec le coffre de vermeil. En arrivant dans la salle du Suaire, le marguillier déposait le coffre sur la table préparée et les acolytes y déposaient leurs chandeliers. Les clavistes ouvraient le coffre et remettaient le saint Suaire à l'Archevêque, qui le montrait au peuple. Je cite l'abbé Guibard :

> « Rien de plus magnifique que la cérémonie de l'ostension. On fermait les portes de la ville, et quand le saint Suaire paraissait, le canon de la citadelle, tonnant du haut des remparts, annonçait au loin l'imposante solennité ; les tambours battaient aux champs, toutes les cloches de la ville sonnaient à grande volée, la foule se prosternait, un saint frémissement parcourait tous les rangs.... Voici les détails conservés dans les archives du chapitre :
>
> M. l'archevêque, accompagné de ses assistants (les vicaires généraux), ayant la mitre en tête, tenant le saint Suaire au milieu, la tête du Christ à sa droite ; le diacre étant à la droite du premier assistant et tenant l'un des bouts ; le sous-diacre à la gauche du second assistant, tenant l'autre bout, ils vont au balcon vers la ville, où ils déploient la relique, la tiennent étendue quelque temps, la

tournent ensuite de l'autre face. L'ayant montrée quelque temps, ils la plient en long, vont au balcon vers la citadelle, la montrent comme auparavant ; ils la montrent de même au balcon vers la montagne de Chaudanne, et en dernier lieu, à celui qui est vers Bregille. Le premier choriste reste debout à la droite du diacre, le second choriste à la droite du sous-diacre ; le porte-croix demeure derrière le pontife, le marguillier et le plus ancien familier se mettent à genoux entre le pontife et ses assistants, et étendent chacun d'une main le saint Suaire par les bords du bas. On montre ainsi la relique trois fois à chaque balcon, en faisant trois tours, après quoi M. l'archevêque et ses assistants la replient sur la table, et l'ayant enveloppée dans une étoffe de soie, on la renferme dans le petit coffre de vermeil.

Durant l'ostension, la musique, placée à l'étage inférieur du clocher, doit exécuter des motets convenables. »

Plusieurs processions du Suaire eurent lieu dans la ville même, mais on ne connaît aucune ostension du Suaire de Besançon à l'extérieur de la ville.

Jules Gauthier, un archiviste de Besançon, présente dans son sommaire des registres capitulaires [Gau00] une liste des ostensions privées et publiques ainsi que les événements se rapportant au Suaire de Besançon. Les entrées suivantes sont particulièrement pertinentes pour dater les premières ostensions publiques, dont les clés de l'écrin du Suaire confiées à trois personnes différentes en 1523, l'ostension de 1524, et l'établissement d'une commission pour l'ostension en 1528. Notez que l'entrée pour 1581 laisse peut-être sous-entendre une résolution du Chapitre à ne plus exposer le Suaire en privé, mais si c'est le cas, cette résolution est abandonnée en 1585. Il n'y a pas d'entrées similaires avant 1523, laissant sous-entendre que les ostensions débutent autour de 1520.

1523 On confie au chanoine Raillard, à l'archidiacre de Salins et à l'écolâtre, les clefs de l'écrin où repose le Saint-Suaire, 15 juillet.

1524 On représentera suivant l'usage en l'église de Saint-Étienne, le jour de Pâques, le mystère de la Résurrection avec ostension du Saint-Suaire, 22 mars ; relation faite au sujet de l'ostension du Saint-Suaire, le lendemain 4 mai ;

1525 Ostension du Saint-Suaire, le jour de Pâques, 29 mars.

1527 Ostension du Saint-Suaire à la prochaine fête de l'Ascension, 26 mai.

1528 Commission pour l'ostension du Saint-Suaire, 27 mars.

1581 Statut réglant que l'ostension du Saint-Suaire ne se fera plus qu'à Pâques et qu'à l'Ascension, 14 juin.

1585 On décide en principe qu'on montrera le Saint-Suaire aux grands personnages venus de loin, 22 mai.

1608 Destruction de copies du Saint-Suaire faites par le peintre Pierre d'Argent, 4 juin ; indemmnité de 24 fr. au peintre, 18 juin ; on montre le Saint-Suaire à la comtesse de Cantecroix, 21 juillet ; procès-verbal (en français) de la destruction motivée des copies en fac-similé du Saint-Suaire, 20 août.

1609 On examine, avant de le livrer à l'impression, un livre de M. de Luxeuil (d'Orival) sur l'antiquité du Saint-Suaire, 7 mai ; approbation du livre de M. d'Orival, 12 mai.

1612 On couvre de soie rouge la châsse du Saint-Suaire, 4 mai.

1614 Miracle fait par l'attouchement du Saint-Suaire le dimanche 12 mai : une fille de Besançon qui souffrait des yeux est guérie, 15 mai ; on montre le Saint-Suaire au comte de Furstemberg, député par l'Empereur pour assister aux élections des nouveaux gouverneurs, 25 juin.

1617 On invitera le peuple à ne pas jeter de couronnes sur le théâtre du Saint-Suaire avant que l'ostension soit terminée, 21 mars.

1630 MM. les chanoines n'ayant pas voulu montrer le Saint-Suaire à Pâques, après trois différents jours qu'on les en avait priés, les citoyens se mirent sous les armes ; les chanoines, appréhendant plus grand bruit, le montrèrent.

Il exista une cérémonie théâtrale, le drame liturgique « Les trois Maries » , utilisant un suaire, à l'église Saint-Étienne durant le 13e et le 14e siècle, mais on ne connaît aucune ostension durant cette période. Cette cérémonie théâtrale est décrite en détail par Chifflet [2].

---

2. Le jour de Pâques pendant Matines, sortaient de la sacristie trois chanoines chantant ensemble « Qui nous roulera la pierre de la porte du monument ? ». Puis des enfants ailés s'approchant de l'autel, et revêtus des ornements qu'on attribue aux esprits bien heureux, leur répondaient « Qui cherchez-vous ? ». Les chanoines

FIGURE 4.1 – Reproduction d'un médaillon de 1688 [Gau02] représentant une ostension du Suaire de Besançon.

Beaucoup d'autres drames liturgiques furent présentés à l'église Saint-Étienne et à la cathédrale Saint-Jean. Le 1er avril 1500, le drame liturgique de la Résurection est présenté devant l'archevêque de Besançon, mais aucun de ces drames liturgiques ne semblent être présentés pendant vingt ans jusqu'au rétablissement du drame liturgique « Les trois Maries ». Ulysse Robert [Rob00] présente de nombreux détails de ces drames liturgiques à l'origine des représentations théâtrales à Besançon.

4.1.2 Les Ostensions Privées du Suaire de Besançon

Le Suaire de Besançon était régulièrement présenté en privé à des particuliers (p. ex., comtesses, ducs, légats) de passage à Besan-

---

disaient « Jésus de Nazareth ». Derechef, les enfants chantaient « Il est ressuscité, il n'est pas ici ». De là le chantre se tournait vers l'ancien des chanoines et entonnait ces mots « Dites-nous Marie, qu'avez-vous vu en chemin ? ». Alors le chanoine répondait « Le Sépulcre de Christ vivant et la gloire du ressuscitant », puis le second continuait « Les anges témoins, le Suaire, et les vêtements » dépliant le Saint Suaire. Et enfin le troisième suivait « Le Christ notre espérance est ressuscité, il nous précédera en Galilée. » [Chi31, chap. 5].

çon. Voici un extrait du sommaire des registres capitulaires de Gauthier [Gau00]. On ne peut supposer que cette liste est complète, mais elle prouve qu'il y avait de nombreuses ostensions privées et régulières. En voici quelques-unes :

1524 On décide de montrer exceptionnellement dans la sacristie de Saint-Étienne le Saint-Suaire à M. de Beaujeu et autres gentilshommes, 11 mai.

1540 On montrera, exceptionnellement, le Saint-Suaire à la maréchale de Bourgogne, devant incessamment arriver à Besançon, 19 mai ; Saint-Suaire montré à la maréchale de Bourgogne, 22 août.

1556 On montre le Saint-Suaire aux commissaires envoyés de Flandre par le Roi, 6 août .

1565 Ostension privée du Saint-Suaire à M. de Vienne, seigneur de Ruffey, 29 novembre.

1574 On montre le Saint-Suaire au comte de Pont de Vaux et à Mme de Mouhy, 7 juillet.

1595 On montre le Saint-Suaire à Georges Henriquez, commissaire du Roi, 11 avril.

1610 Ostension du Saint-Suaire à Mme de Villeperrot, 2 juin ; ostension du Saint-Suaire à M. de Limberch et à Mme de Balançon, sa femme, 9 octobre.

1611 Le Saint-Suaire montré à la comtesse de Dunc, 1er juin ; on montrera le Saint-Suaire à M. de Bourbonne, 13 juillet ; on le montrera à l'abbé de Saint-Germain d'Auxerre, neveu de « M. le Grand », gouverneur du duché de Bourgogne, 28 août.

1615 Ostension du Saint-Suaire au provincial des frères prêcheurs, 13 mai ; on montre le Saint-Suaire au comte et à la comtesse « d'Auc », 18 mai.

1616 La marquise de Ruffey, à laquelle on a montré le Saint-Suaire, offre 4 doublons d'or d'Espagne ; on montre la sainte Relique au vicomte de Gand, 22 juin ; on accorde l'ostension du Saint-Suaire à la marquise « d'Avré », 13 septembre.

1617 On montre le Saint-Suaire à Mme d'Aumont, cette dame offre 10 écus d'or d'Italie, 9 octobre.

1618 Le Saint-Suaire est montré à l'abbesse de Remiremont, 26 juillet.

Section 4.2

Les Ostensions du Suaire de Besançon et du Suaire de Turin

Il est instructif de mettre en parallèle la fréquence et la popularité des ostensions publiques des deux suaires les plus connus, ceux de Besançon et de Turin. Analysons les ostensions publiques du Suaire de Turin avec celles du Suaire de Besançon.

Le Suaire de Lirey, appelé aujourd'hui Suaire de Turin, arrive à Chambéry en 1453 et est transféré à Turin en 1578, où il est encore aujourd'hui[3]. Les ostensions du Suaire de Turin sont beaucoup plus mouvementées. De 1356 (1357 ?) à 1452, ce suaire a été exposé dans plusieurs villes de France et de Belgique, période durant laquelle il est sous le contrôle des familles de Charny et de Vergy. Le nombre exact d'ostensions de cette période est inconnu, mais elles sont très irrégulières, et selon toute apparence, avec plusieurs périodes sans ostensions. Ian Wilson [Wil10, pages 226–241] fait une présentation de ces déplacements et présente des raisons tout à fait justes poussant Marguerite de Charny, la petite-fille de Geoffroy de Charny, à céder le Suaire de Lirey au duc de Savoie en 1453.

Un fait important à remarquer : on ne connaît aucun usage du Suaire de Turin associé aux représentations théâtrales de Pâques (p. ex. « Les trois Maries »), populaires au moyen âge, ce qui le différencie nettement du Suaire de Besançon.

Du 16e au 18e siècle, le Suaire de Turin est sous le contrôle des ducs de Savoie et de leurs descendants en Italie. Ce contrôle durera jusqu'en 1983, année où le Suaire de Turin devient la propriété du Saint-Siège.

John Beldon Scott [Sco03, pages 342–343] présente un résumé des ostensions publiques du Suaire de Turin. Cet auteur a utilisé plusieurs sources pour comptabiliser les fréquences et les types des ostensions à Lirey, Chambéry, et Turin. La période à Chambéry (1453–1577) a au moins seize ostensions publiques, la période ducale à Turin (1578–1662) a plus de quarante ostensions, la période festivale

---

3. Ainsi, le Suaire de Turin est parfois désigné par « Suaire de Lirey-Chambéry-Turin ». Je désigne par « Suaire de Turin » ce suaire qui fut à Lirey et à Chambéry, mais qui est aujourd'hui gardé à Turin.

(1663–1697) a quinze ostensions, et la période royale (1698–1813) a cinq ostensions.

En résumé, les ostensions de 1578 à 1697 à Turin ont une fréquence d'environ deux fois par année, similaire au Suaire de Besançon, mais au 18e siècle le Suaire de Turin est rarement exposé bien que le nombre d'ostensions passe à quatre fois par année pour Besançon. Cependant, aucune évaluation de la popularité de ces ostensions du Suaire de Turin n'accompagne ces données. Il est en effet difficile de faire cette évaluation. D'autre part, on peut faire une évaluation plutôt approximative en utilisant les productions artistiques représentant les ostensions publiques du Suaire de Turin. On peut affirmer qu'il y avait probablement plusieurs milliers de pèlerins pour la plupart de ces ostensions, peut-être même des dizaines de milliers dans certains cas. Ainsi, de 1578 à 1697, les Suaires de Besançon et Turin ont des popularités similaires, mais durant la période de 1698 à 1792 le Suaire de Besançon était plus populaire que le Suaire de Turin.

Bien que le Suaire de Besançon disparaît avant le 19e siècle, le Suaire de Turin est exposé seulement six fois durant ce siècle, cinq à l'occasion d'événements solennels de la famille royale et une à l'occasion de l'Art Sacré de Turin en 1898 où Secondo Pia photographie pour la première fois ce suaire, provoquant une surprise à propos des qualités inattendues de l'image [4]. On s'aperçoit que le négatif de l'image sur le Suaire de Turin apparaît beaucoup plus réaliste que l'image positive. L'aspect tridimensionnel apparaît manifeste, et le professeur Yves Delages en fait une description précise. De nombreux scientifiques et historiens se lancent dans des études sur le Suaire de Turin, provoquant de nombreux débats dans la presse populaire et les publications scientifiques au début du 20e siècle.

---

4. Au 19e siècle, le Suaire de Turin est exposé en 1814, 1815, 1822, 1848, 1861 (mariage du prince Humbert), et 1898.

Section 4.3

L'Authenticité du Suaire de Besançon

Le Suaire de Besançon, tel qu'il était connu du 16e au 18e siècle, était manifestement une oeuvre peinte sur un linge tissé de lin. Ce fait est, de nos jours, très peu contesté. Ce suaire est connu pour avoir l'image d'un corps, mais seulement de la partie antérieure et qu'elle était nettement visible sur les faces recto et verso du linge. Tout porte à croire que l'image avait été peinte sur une face seulement, et que par capillarité, la peinture traversa le linge. Dans la seconde dissertation, l'auteur le confirme et ajoute, par une description détaillée, que l'image était plus prononcée sur une face. Il ajouta que sur l'image la plus prononcée, la grande plaie au torse se trouvait du mauvais côté quand on tient compte du fait que cette image devrait provenir de l'impression d'un corps, où la gauche et la droite s'inversent. Ainsi, le peintre qui produisit le Suaire de Besançon ne tenait pas compte de ce fait essentiel.

De plus, le Suaire de Besançon n'avait aucune trace des flagellations nettement visibles sur le Suaire de Turin, seulement les cinq plaies majeures y étaient représentées : les quatre plaies aux deux mains et aux deux pieds, causées par les clous, et la plaie de la lance au côté droit du torse. Les plaies des mains étaient dans le milieu des mains, ce qui est différent du Suaire de Turin où il n'y a qu'une seule plaie visible près d'une main, car les bras sont croisés au niveau des poignets, et cette plaie apparaît au poignet et non dans la paume de la main. Les pieds sont nettement séparés sur le Suaire de Besançon, mais ils sont très près l'un de l'autre sur le Suaire de Turin. Bien d'autres détails démontrent que l'image du Suaire de Besançon n'apparaissait pas aussi réaliste que celle du Suaire de Turin.

Bien qu'il soit certain que le Suaire de Besançon du 16e au 18e siècle ait été une peinture, est-il concevable qu'un autre suaire, ayant une image, existât à Besançon au 14e siècle, qu'il ait disparu durant l'incendie de l'église de Saint-Étienne en mars 1349 et secrètement transféré à Lirey ? En d'autres mots, est-ce probable que Besançon aurait eu le suaire, aujourd'hui le Suaire de Turin, avant qu'il arrivât à Lirey au 14e siècle ?

Cette « thèse de Besançon » a été proposée par plusieurs historiens, dont Dom François Chamard, Paul Édouard Didier Riant et plus récemment par l'historien, et sindonologiste, Daniel Scavone [Sca14, Sca10, Sca08], mais critiquée par plusieurs auteurs [Hou12, Zac97, Cri85, dG74, Vig38]. Paul de Gail et Paul Vignon en font une assez longue critique. La section suivante analyse cette thèse en reprenant les argumentations de la seconde preuve de la première dissertation et certains arguments de Vignon et de Gail.

Section 4.4

La Thèse de Besançon

La « thèse de Besançon » propose de faire passer le Suaire de Turin par Besançon. Il aurait été volé durant l'incendie de l'église Saint-Étienne en 1349. Qui aurait volé le suaire n'est pas très pertinent pour montrer que cette hypothèse est très peu probable.

Débutons par un fait général en défaveur de cette hypothèse : le document le plus ancien connu et encore existant mentionnant explicitement l'ostension d'un suaire à Besançon date du 25 mars 1523. Chifflet mentionne un suaire utilisé lors des représentations du Mystère pascal au 13e siècle à l'église Saint-Étienne. Cependant, Chifflet ne fait pas mention d'ostensions durant cette période et aucune description d'image sur ce suaire n'est présentée.

Mais, la première dissertation tente de prouver que le Suaire connu au 16e siècle arriva à Besançon au 13e siècle et qu'il est authentique. Le coeur de cette preuve, que nous analysons dans la section suivante, se fonde sur le chevalier Othon de la Roche.

Section 4.5

Le Chevalier Othon de la Roche

Une partie très controversée de la première dissertation et souvent citée est la section 6.3.2 sur la « Vraie Histoire du Saint Suaire ». On peut y lire le coeur de la preuve, supposée de l'auteur, de l'origine du Suaire de Besançon. L'auteur produit une date, une provenance et une manière pour l'origine du Suaire de Besançon. Le chevalier Othon de la Roche aurait acquis le Suaire de Besançon à Constantinople et son père, Ponce, l'aurait reçu de son fils Othon en 1206 [5]. Toutefois, ces affirmations présentent de nombreux problèmes. Analysons en détail ces affirmations.

Il est bien établi que le chevalier Othon de la Roche participa à la quatrième croisade, et à la prise de Constantinople en 1204, et acquit les duchés d'Athènes et de Thèbes. La première dissertation mentionne ce chevalier pour la première fois à I° 38 en affirmant qu'Othon aurait obtenu le Suaire lors d'une distribution des reliques après la prise de Constantinople. Othon aurait envoyé ce Suaire de la Grèce à son père, Ponce de la Roche, en 1206. Mais quelles sont les sources de l'auteur pour supporter ces affirmations ? L'auteur donne six sources (I° 39) :

1. « L'ancien cartulaire de l'abbaye d'Acey »
2. « Un ancien titre de l'abbaye de la Charité »
3. « La généalogie manuscrite en italien et en vélin de Pierre de Luxembourg »
4. « La chronique du moine Albéric, lorsqu'il parle des miracles arrivés dans la famille d'Othon de la Roche »
5. « L'histoire de la cinquième croisade et de la prise de Constantinople que Montaner a faîte »
6. « Jérôme Turrita, gentilhomme aragonais qui se trouva à la prise de Constantinople par les Latins »

Mais, l'auteur ne cite aucun texte de ces sources pour bien présenter sa preuve. Si ces sources ont été si difficiles à trouver, et jamais analysées par tous les autres auteurs traitant du Suaire de Besançon, il était nécessaire de citer ces textes. Cela laisse croire que ces sources ne donnent pas les informations précises qu'il écrit. Peut-on quand même les retrouver ? Ce n'est pas vraiment le cas, et voici les raisons.

Cet ancien cartulaire de l'abbaye d'Acey se trouve en partie à la Bibliothèque Nationale de France. Il mentionne plusieurs actes de l'archevêque Amédée de Tramelai, mais sans mention de Ponce de la Roche et où les seules mentions d'Othon de la Roche portent sur son acquisition des duchés de Thèbes et d'Athènes. L'ancien titre de l'abbaye de la Charité semble avoir été perdu, on ne peut localiser la troisième source, et la chronique d'Albéric ne fait que relater l'attribution des duchés d'Athènes et de Thèbes à Othon de la Roche [Vig38, page 107].

---

5. La seconde dissertation ne mentionne ni Othon de la Roche ni sa famille.

La cinquième et la sixième sources sont difficiles à identifier clairement. Montaner pourrait être Ramon Mountaner (1265–1336) [Zac97] auteur de « Les Chroniques Catalanes », mais on ne connaît pas d'histoire de la quatrième croisade de cet auteur. Jérôme Turrita pourrait être Jerónimo Zurita (1512–1580) [Vig02], mais cet auteur est du 16e siècle et non du siècle de la quatrième croisade. Zaccone [Zac97] ne trouve aucun personnage de ce nom ayant participé à la quatrième croisade.

En résumé, ces sources ne fournissent rien de nouveau. Cependant, voici d'autres éléments majeurs et indépendants de cette dissertation pouvant peut-être supporter un lien entre un suaire à Constantinople, Othon de la Roche ou Athènes, et le Suaire de Turin.

1. Un coffret au château Ray-sur-Saône aurait été utilisé pour transporter en France un suaire de Constantinople. Ce coffret est encore sous le contrôle des descendants de la famille de la Roche[6]. Le coffret apparaît ancien, mais il a probablement été modifié au cours des siècles. Le suaire serait demeuré au château pendant au moins un siècle puis aurait été transféré à la famille de Vergy, pour une raison inconnue, mais pour laquelle de nombreuses hypothèses ont été avancées.

2. Une lettre de Théodore Ange Comnène, datée du 1er août 1205, au pape Innocent III (1160 ou 1161–1216). Cette lettre fait référence à un suaire à Athènes volé durant le sac de Constantinople et demande au pape d'intervenir pour la rendre à son propriétaire légitime. Cette lettre a été découverte par Pasquale Rinaldi [Rin81] à Naples. L'authenticité de cette lettre est contestée par l'historien Andrea Nicolotti.

   Note : Antoine Legrand a confondu l'auteur de cette lettre dans un article publié dans Historia (décembre 1982) avec Alexius V Doukas[7]. Michel Bergeret décrit les détails de cette méprise [Ber12].

3. Jeanne de Vergy, la seconde épouse de Geoffroy de Charny, serait une descendante d'Othon de la Roche [Ber95]. Ainsi, on

---

6. En février 2015, le château est encore partiellement habité par la comtesse Diane-Régina de Salverte.

7. Alexius V Doukas s'empara du pouvoir à Constantinople en février 1204, mais quitta précipitamment la ville en avril après l'attaque finale des Latins.

peut imaginer qu'il existerait un lien, non encore établi, entre le Suaire apparaissant à Lirey et Othon de la Roche.

La « thèse de Besançon » apparaît fausse pour d'autres raisons indépendantes du manuscrit 826. Les ostensions du Suaire de Lirey dans des villes non loin de Besançon et les requêtes en justice des chanoines de Lirey contre Marguerite de Charny à Besançon, devraient avoir attiré l'attention du clergé de Besançon à propos de leur suaire perdu. Mais, il n'y eut aucune tentative des autorités de Besançon pour récupérer ce suaire.

En résumé, les conclusions suivantes sont bien établies :

1. Le Suaire de Besançon perdu durant la Révolution française avait une image peinte et ne pouvait être authentique.

2. Il n'y avait pas d'ostensions d'un suaire à Besançon au 13e ou au 14e siècle, bien que le Mystère pascal était joué à l'église Saint-Étienne avec un suaire, fort probablement sans image, durant cette cérémonie théâtrale. Cette conclusion implique que le Suaire de Lirey ne peut provenir de Besançon, c'est-à-dire que la « thèse de Besançon » sur la provenance du Suaire de Turin est très difficilement soutenable.

3. La thèse qu'Othon de la Roche aurait envoyé de Grèce le suaire de Jésus-Christ, reconnu authentique, n'a pas de fondement solide à partir de la première dissertation du manuscrit 826. D'autres éléments beaucoup plus probants doivent être ajoutés pour arriver à une telle conclusion.

Section 4.6

La Tridimensionnalité de l'Image du Suaire de Turin

À la section 3.2 sur la structure de la seconde dissertation, j'ai mentionné qu'à la deuxième preuve, l'auteur de la seconde dissertation mentionne le manque de variations d'intensité de l'image du Suaire de Besançon en relation avec la forme du corps. Voici ce passage :

> « Arrêtons-nous à l'empreinte du visage. La tête d'un homme est d'une figure sphérique, et le visage n'est pas uni comme la glace d'un miroir. Il y a des parties, le nez par exemple, plus élevées que d'autres et qui y forment des hauts et des bas. La toile du suaire qui était sur le sacré visage de Jésus-Christ n'a donc pu le toucher partout également ; et l'image cependant en est partout également bien marquée. » (I° 112)

On peut comprendre de ce texte que l'image du Suaire de Besançon représentait le visage, ou la majeure partie du visage, sans aucune variation d'intensité de couleur, c'est-à-dire de façon unie. On peut comprendre que cela ne va pas, car le nez, la bouche et les joues ne peuvent toucher de façon uniforme le linge, car ceux-ci n'ont pas la même hauteur, par exemple, le nez est plus haut que la bouche. D'autre part, ce que remarque l'auteur de la dissertation, si le linge avait été en contact avec chacune des parties du visage, l'image serait très déformée une fois le linge remis à plat. La variation de l'intensité de couleur apparaît nécessaire si un phénomène naturel a produit l'image. La forme tridimensionnelle du visage n'a laissé aucune trace de cette variation de hauteur en une variation d'intensité de la couleur sur l'image du Suaire de Besançon. On peut conclure un fait très bien attesté par cette description : l'image du Suaire de Besançon ne tenait pas compte de la tridimensionnalité du corps.

D'autre part, la particularité remarquable de l'image du Suaire de Turin est sa tridimensionnalité. Aujourd'hui encore, il est très difficile d'élucider la façon de recréer cette tridimensionnalité très subtile de cette image. Cependant, ce fait est très bien prouvé, car d'une part nous avons des photographies en très haute résolution du Suaire de Turin, et d'autre part, nous pouvons analyser la relation entre les variations de l'intensité des couleurs et la hauteur des variations du corps tout en tenant compte du linge enveloppant naturellement un corps [JJE82]. Ce dernier point est essentiel. En effet, la variation de l'intensité de l'image est en relation avec la distance du corps au linge, mais non pas en supposant que le linge est plat, mais en supposant que le linge repose de façon naturelle sur le corps, sans être compressé contre ce corps.

CHAPITRE 5

Notes des Transcriptions

Les dissertations ont été transcrites à partir du manuscrit 826 des archives de la bibliothèque de Besançon. J'ai consulté la version mise en ligne par la bibliothèque et accessible au public [wdlBMdB]. Toutefois, pour la seconde dissertation, j'ai utilisé la publication [Ber31, 225–257] comme fondement et corrigé cette transcription en utilisant le manuscrit, tout en y apportant une modernisation de la conjugaison des verbes. La seconde dissertation utilise un français plus moderne, ce qui a demandé moins de transformations que la première dissertation.

Le manuscrit 826 est composé de 78 feuillets, utilisés recto et verso, ce qui devrait donner 156 pages. Cependant, le manuscrit en ligne est numéroté par image des feuillets, de 1 à 144. Certains feuillets ne semblent pas avoir un contenu significatif pour avoir été reproduits numériquement et mis en ligne. Cette numérotation (p. ex. I° 5) apparaît en marge des transcriptions et permet au lecteur de plus facilement vérifier la transcription ou d'en connaître les détails en consultant le manuscrit en ligne.

Lors de la transcription, j'ai modernisé l'orthographe, la grammaire et les noms propres. L'emploi des majuscules a été modernisé dans la plupart des cas, mais, pour la première dissertation, j'ai gardé certains mots capitalisés pour conserver le style. Les cas les plus importants sont l'usage des mots et expressions « Saint Suaire », « Relique », « Suaire de Besançon », et « Suaire de Turin ». Des notes, ajoutées à la transcription, apparaissent entre crochets (p. ex. [Note]). Ces notes sont souvent employées pour mieux préciser les noms propres. Une note de bas de page pour la transcription est précédée de « NdT », sinon il s'agit d'une note provenant de la marge du manuscrit. La section suivante donne plus de détails sur la transcription de la première dissertation.

Section 5.1

Notes pour la Première Dissertation

Il serait fastidieux de donner toutes les transformations appliquées à la transcription de cette dissertation, mais je donne ici les cas généraux avec quelques exemples.

1. Modernisation de la grammaire : le cas le plus fréquent est l'imparfait (p. ex. « étoit » devient « était »).
2. Modernisation des noms propres : « Lyré » devient « Lirey », « Chiflet » devient « Chifflet », etc.
3. Ajout d'une consonne : « aporter » devient « apporter », « ometre » devient « omettre », etc.
4. Élimination du trait d'union : « aussi-bien » devient « aussi bien », « long-temps » devient « longtemps », etc.
5. Élimination d'une consonne en ajoutant un accent circonflexe : « meslé » devient « mêlé », etc.
6. Élimination d'une consonne : « scavant » devient « savant », etc.
7. Élimination de l'accent circonflexe : « toûjours » devient « toujours », etc.
8. Remplacement du « y » par un « i », et vice versa dans certains mots : « ny » devient « ni », etc.
9. Élimination de nombreuses virgules, surtout celles placées avant « que » ou « qui ».

CHAPITRE 6

I° 1

Dissertation sur le Saint Suaire de Besançon

1714

Section 6.1

Préface

Le Prix du Saint Suaire

Il n'est point de reliques plus précieuses sur la Terre, à la Divine Eucharistie près, comme le saint Suaire de Besançon, s'il est vrai que c'est celui dans lequel on enveloppa le sacré Corps de Jésus-Christ après sa mort. Or c'est le même Suaire, comme on va le prouver en cette dissertation.

C'est une vérité constante qu'il n'est point de plus précieuse relique sur la Terre que celle-là. En voici cinq raisons :

1. Ce Suaire a touché le sacré Corps de Jésus-Christ dans toute son étendue.//
2. Il a touché et couvert le même corps pendant tout le temps qu'il a été dans le tombeau.
3. Il est empreint des aromates dont le saint Corps fut embaumé.
4. Il est encore empourpré du sang du Rédempteur dans les endroits des cinq plaies que Jésus-Christ a conservées.
5. Il est la vive image de Jésus-Christ et son véritable portrait.

I° 2　　Image, où l'on voit l'air de Jésus-Christ, son âge, sa taille, son poids, sa grandeur, sa complexion, en un mot, comme un Dieu incarné était fait.

Image qui n'est point faite de mains d'homme, et qui représente son original d'après nature, où l'on entrevoit la beauté de Jésus-Christ et l'admirable proportion que le Saint-Esprit garda en formant cet Auguste Temple de la Divinité.

Image où l'on admire dans les plaies qui y sont demeurées, et dans l'air du Rédempteur pâle, abattu, défait et défiguré, où l'on admire, dis-je, sa Passion et la grandeur de ses tourments.

Image où il y a quelque chose de si grand, un je-ne-sais-quoi de Divin, qui frappe d'abord l'esprit et qui frappe jusqu'au coeur, où l'on reconnaît aussitôt l'Homme-Dieu.

Où cherchera-t-on une relique que l'on puisse comparer à celle-ci ? En trouvera-t-on une sous le Ciel qu'on puisse lui préférer ? Peut-on même en imaginer une qui en approche ?

Le saint Suaire de Besançon est donc la première Relique de l'Univers. La Relique la plus respectable aux anges et aux hommes. La Relique que l'Église catholique estime le plus et pour laquelle elle aura toujours plus de respect et de vénération que pour aucune autre[1].

I° 3　Le Bonheur de la Ville de Besançon de Posséder un si Grand Trésor

Quel bonheur pour la ville de Besançon de posséder un si grand trésor ! Quelle faveur du Ciel que Dieu l'ait choisie pour lui remettre un tel dépôt et pour le lui conserver jusqu'à la fin des temps comme il est à espérer ! Quelle gloire pour cette Cité Royale que le Rédempteur l'ait ainsi distinguée de toutes les autres villes du monde en lui confiant ce rare monument !

---

1. Il n'y a que la Croix sur laquelle Jésus-Christ est mort dont on puisse ici parler. Mais outre que la Croix est en mille pièces dispersées partout dans le monde, et que le Suaire est tout entier ; la Croix ne toucha le sacré Corps de Jésus-Christ et ne le porta que quelques heures ; le Suaire le toucha et l'enveloppa depuis qu'on le mit dans le Tombeau, jusqu'à la résurrection, pendant les trois jours, et les trois nuits dont parle l'Évangile. On ne voit pas d'ailleurs le sang du Rédempteur sur les morceaux de la Croix que l'on conserve comme on le voit dans ce Suaire, sur les cinq plaies qui y sont demeurées.

Saint Jean Chrysostome a dit que Rome n'était pas si illustre pour son antiquité, sa beauté, sa grandeur, son empire, ses victoires, ses richesses, la multitude de ses habitants, les grands hommes qu'elle avait portés, et les belles choses qu'elle avait faites en paix et en guerre que pour conserver les Reliques du grand apôtre saint Paul, et que Rome était plus respectable pour cela seul que pour tout le reste.

La cité de Besançon, de même, n'est pas si respectable pour son antiquité, sa beauté, sa grandeur et tout le reste que pour conserver l'admirable Relique du Saint Suaire qu'on peut appeler la Relique de Jésus-Christ, le gage éternel de sa bonté et de son amour envers les hommes qui nous représente la Passion tout d'un coup et dans un seul moment et qui est le témoignage sensible qui nous reste le plus éclatant et le plus authentique de la rédemption du genre humain.

C'est à présent à cette cité de voir l'estime qu'elle doit faire d'une si précieuse Relique, la vénération qu'elle doit en avoir, le culte qu'elle doit lui rendre, l'attachement avec lequel elle doit la conserver et les actions de grâces que le Ciel attend d'un si grand bienfait. f° 4

C'est à cette cité de ressusciter envers cette sainte Relique la ferveur de ses ancêtres qui l'ont reçue avec tant de joie et d'empressement, qui l'ont conservée avec tant de soins et de piété, qui l'ont honorée avec tant de respect et de concours, et qui l'ont toujours regardée quand on la montrait avec tant de dévotion, de prières, de gémissements et de larmes.

C'est à cette cité de faire paraître encore plus de piété envers le gage précieux de notre bonheur éternel, d'en remercier le Rédempteur avec de plus grands sentiments de retour et de tendresse et d'y recourir dans ses nécessités avec plus de confiance qu'elle n'a jamais faite.

Heureuse, la cité qui jouit d'un si grand Trésor ! Heureuse, la province qui le possède ! Heureux, le clergé à qui le Ciel a remis un si grand dépôt entre les mains ! Heureux, tous ceux qui élèveront de plus en plus le culte d'une si rare Relique !

Section 6.2

Avertissement

I° 5

On s'étonne dans ces derniers temps qu'on eût autrefois tant de respect pour les reliques des Saints et tant d'empressement pour en avoir ; c'est qu'il y avait beaucoup plus de religion qu'à présent.

Les souverains pontifes ne faisaient presque pas d'autres présents aux rois, aux reines, aux souverains, aux grands, que de reliques. Les empereurs et les princes chrétiens en demandaient de toutes parts les uns aux autres.

Du temps des croisades, on ne rapportait que cela de l'Orient. C'étaient les richesses qui consolaient les croisés de leurs travaux et de leurs pertes.

Mais depuis que la religion a si fort baissé, que l'hérésie a attaqué le culte des reliques, que l'impiété a tâché de prendre le dessus, que la critique a fait un mauvais usage de ses lumières et qu'elle n'a plus gardé de mesure, on ne s'en met plus en peine ; ce n'est plus une recherche qui soit du jour du monde, ce n'est plus un présent du temps.

En fait de reliques, on ne sait guère plus où l'on en est. On s'en tient seulement à ce que le concile de Trente en a décidé et à l'anathème qu'il a prononcé sur cela contre les hérétiques [2].

I° 6

L'honneur qu'on rend maintenant aux reliques se termine presque entièrement à les conserver dans des sanctuaires et des sacristies et à les exposer sur les autels aux grandes fêtes et voilà tout.

Vient-on à parler d'une relique en particulier, on en demande d'abord l'authenticité. Si on a recours à la tradition ; la tradition, dit-on, est obscure, et sans preuve. Toutes les traditions sont la plupart fausses ; nos pères étaient de bonnes gens d'une crédulité à ne douter de rien.

Cite-t-on l'histoire, il n'y a rien d'assuré là-dessus. Les historiens modernes se sont avancés sans garants. Nul historien contemporain n'en a parlé. Les manuscrits des églises et des abbayes sont altérés. Les siècles ignorants et l'intérêt des moines en ont bien introduit.

C'est l'esprit de l'hérésie qui s'est répandu partout. C'est l'impiété qui a prévalu. C'est l'abus de la critique qui règne de nos jours. C'est le peu de religion qui reste parmi les chrétiens.

---

2. Sess. 25.

C'est l'ostentation d'une vaine science qui emporte les faux savants à contester sur la religion. C'est une prétendue force d'esprit dont ces orgueilleux ne peuvent se défaire. C'est d'un entêtement dont on ne revient guère et qui fait gémir l'Église depuis quelques années.

On ne peut lire ce que M. Baillet a dit [Bai01, art. 12, n. XLI, page 202] du saint Suaire de Besançon sans en être scandalisé. Un hérétique n'en aurait pas parlé d'autre manière.

Mais pouvait-on attendre autre chose d'un écrivain qui a fait un livre entier contre la mère de Dieu sous le prétexte de parler de la dévotion des fidèles en son endroit ? Un tel livre ne représente-t-il pas bien son auteur ? Un tel livre ne tient-il pas plutôt de l'impiété et du blasphème que d'une critique qui doit, dit-on, tout approfondir ? Un tel livre n'a-t-il pas été justement condamné à Rome ? Mais un tel livre ne mérite-t-il pas le feu ?

De tous les Saints Suaires qu'on révère dans le monde, Baillet n'en épargne point ; il les dégrade tous. Soit en les attaquant ouvertement comme il attaque celui de Besançon ; soit par le peu de vraisemblance qu'il y trouve et qu'il fait paraître dans l'histoire des autres, et les rejette enfin tous sans preuve et sans raison, et peut-être sans en avoir vu ni examiné aucun.

Est-il à croire que la religion des premiers chrétiens n'ait point tenu la main à la conservation de ces grandes reliques, et que la Providence n'y ait pas veillé, et qu'ainsi il n'y ait plus de vestiges sensibles et certains sur la terre de la Passion du Rédempteur ?

Il y a longtemps que l'hérésie fait ses efforts pour les effacer, qu'elle attaque les reliques de Jésus-Christ et de ses Saints, et qu'elle crie sur cela à la superstition et à l'idolâtrie. Baillet le déclare donc ici contre l'Église, en appuyant l'hérésie, comme il fait. Cet auteur en fait donc plus que le Concile de Trente ? L'Église catholique est donc selon lui dans l'erreur sur cela depuis tant de siècles ? Il prétend donc instruire l'Église et ouvrir les yeux à tous les docteurs catholiques qui sont, à ce qu'il croit, dans l'illusion et dans l'aveuglement sur le fait des reliques ?

Quand bien même le Suaire de Besançon ne serait pas le vrai linceul qui aurait servi à ensevelir le sacré Corps du Sauveur, en révérant ce Suaire, on révère l'image de Jésus-Christ ; ce qui est toujours du chrétien et du catholique. On honore les vestiges de la mort du Rédempteur ; ce qui tient toujours du culte qui est dû à la Passion du fils de Dieu. On respecte ce que l'Église nous enseigne de respecter, ce qui soutient toujours la religion. On est frappé d'un objet qui porte de grands sentiments de piété, ce qui est toujours saint et salutaire. Pourquoi donc se faire un plaisir de décrier ce Suaire ? Pourquoi donc se moquer de l'église de Besançon qui l'honore depuis tant de siècles ? Pourquoi donc affaiblir la piété des fidèles envers une telle image ? Pourquoi éteindre une telle dévotion qui contribue si fort à l'édification des peuples et au salut des âmes ? Pourquoi encore une fois troubler ainsi la religion comme il le fait ?

I° 9   L'Église catholique qui ne peut errer ; cette colonne de vérité qui fait passer les Israéliens par la mer rouge et qui conduit le peuple de Dieu par tant de déserts et de précipices pour l'introduire dans la terre promise ; cette Église n'en sait-elle pas plus que nos critiques ? Elle laisse cependant ses enfants dans leur croyance sur ces reliques sans les jeter dans le trouble et dans l'incrédulité, lorsque la Foi n'y est pas intéressée, comme elle ne l'est nullement ici.

Cette Église ne répond-elle pas encore maintenant à cet enfant ce que répondit le pape Gélate lorsqu'on lui représenta qu'ayant déclaré beaucoup de livres et d'actes de martyrs apocryphes, il en restait encore plusieurs à examiner et à rejeter qu'on laissait cependant entre les mains des fidèles ; on ne leur laisse pas cela, répondit le Pape, comme des choses de Foi qu'ils soient obligés de croire, mais seulement comme des choses de piété dont ils peuvent se servir pour s'édifier eux-mêmes [3].

Si l'on prétend en fait de reliques de n'en croire et de n'en révérer que celles dont on peut démontrer la vérité, tant qu'il en reste le moindre doute et qu'on ne veuille avoir nul égard à la tradition des églises particulières, ni aux titres anciens, ni aux auteurs considérables, ni aux monuments qui nous en parlent, ni aux miracles que Dieu a opérés par ces reliques, il en resterait bien peu, qu'on dût croire, et qu'on pût honorer ? La critique audacieuse de nos jours les dégraderait presque toutes ; l'autorité la plus respectable en mettrait peu à couvert ; l'hérésie en triompherait partout.

C'est une fureur qui règne à présent de combattre les reliques les plus avérées, et les événements les plus autorisés de la vie des Saints, pour peu qu'ils tiennent du merveilleux.

I° 10   Les novateurs ne veulent plus ni reliques ni miracles ; parce que l'un et l'autre appuient l'Église et lui font honneur. Si l'on pouvait

---

3. Baronius, Annales ad annum 494. Gélate 3.

au moins arrêter cette fureur, et la fixer aux bornes que l'apôtre a mises, on serait apaisé ; la critique de nos jours ne servirait plus de pierre d'achoppement aux fidèles, comme elle fait. Or, les bornes que l'apôtre a posées[4] sont d'examiner de sang-froid, et sans préjugés, les prophéties, les reliques des Saints et les événements merveilleux de leur vie, et de les examiner avec attention, cependant avec respect, en cherchant seulement la vérité ; sans chercher à contester, et à douter, comme l'on fait ; sans vouloir faire paraître une prétendue force de génie, pour se distinguer du commun, et pour ne pas croire comme le peuple ; bien loin de rejeter alors une telle critique et d'en être scandalisé, on l'agréerait, les savants et tous les catholiques y prendraient plaisir ; mais de ne rien croire et de rejeter toutes preuves ; mais de ne chercher qu'à douter, et à porter le doute dans l'esprit des fidèles sans jamais vouloir reconnaître la vérité ni s'y soumettre, de quelque manière qu'elle paraisse et qu'elle brille ; mais de voir mépriser et donner du ridicule à ce qui est de plus saint, et de plus sacré dans la religion, après la Foi, c'est ce qu'on ne doit, ni ce qu'on ne peut souffrir.

La Foi même ne sera plus à couvert ; on attaquera bientôt le dogme de l'Église ouvertement après avoir détruit ce qui l'appuie et qui contribue si fort à sa gloire. Les fondements de la maison de Dieu ne sont plus en assurance lorsqu'on ruine la beauté de l'édifice et qu'on commence par abattre les portes et les fenêtres, car enfin la téméraire critique ne parle ainsi des reliques et des miracles des Saints qu'en attendant le temps, qu'elle puisse dire hautement et crier avec l'hérésie que tout cela n'est que superstition et idolâtrie.

N'est-il rien de plus dangereux pour l'Église que d'en attaquer ainsi l'extérieur et tous les dehors comme on fait à la guerre quand on veut prendre une place ? N'est-ce pas porter atteinte à la Foi et commencer à se révolter contre l'Église que de vouloir persuader le monde que l'Église se trompe sur une partie des reliques et des principales reliques qu'elle honore d'un culte public ; et de soutenir hardiment qu'une autre grande partie de ce qu'elle représente aux fidèles de la vie des Saints et des miracles que Dieu a opérés pour honorer leurs mérites et leurs reliques, que presque tout cela n'est qu'un tissu d'erreurs populaires, de faussetés, de fables, de romans et de contes faits à plaisir. Ce sont les termes dont Baillet se sert souvent en parlant des reliques de Jésus-Christ et de ses Saints et des

---

4. *Omnia autem probate, quod bonum est tenete.* (1 Thessal. 5:21).

miracles que Dieu a faits pour les honorer et que l'Église nous représente. Voilà l'honneur que la critique outrée rend aujourd'hui aux reliques ! Voilà à quoi elle réduit le merveilleux de la vie des Saints ! Voilà les louanges et les actions de grâces, qu'elle rend à Dieu, sur les miracles qu'il lui a plu d'opérer en leur faveur ! Peut-on commettre un attentat plus noir envers Jésus-Christ et ses disciples ? Peut-on faire une injure plus atroce à l'Église, qui a canonisé ces Saints sur leurs miracles, et qui a proposé ensuite leurs reliques en vénération à toute la terre ?

I° 12

C'est être bien téméraire que d'écrire de la sorte sur les choses les plus saintes, et les plus intéressantes, de la religion, dans un temps où les vérités éternelles sont si fortement diminuées ; dans un temps où la foule des impies ne cherche qu'à rire aux dépens de la religion ; dans un temps où la nouvelle hérésie sape insensiblement les fondements de l'Église ; dans un temps où l'on méprise si fort ce qui est le plus respectable, comme la mémoire des Saints, leurs miracles et leurs reliques.

C'est être bien téméraire, pour ne rien dire de plus, que d'écrire de la manière, et d'avilir ainsi les mystères et les miracles ; dégrader les révélations et les prophéties ; combattre les indulgences et les images ; détruire les reliques et les sanctuaires ; se jouer des traditions et des Saints-Pères ! Quelle témérité de s'en prendre ainsi à l'Église ! Tantôt à guerre ouverte et déclarée ; tantôt d'une manière fine et adroite ; tantôt en plaisantant ; tantôt en déchirant. Guerre d'autant plus dangereuse, qu'elle veut paraître couverte du spécieux prétexte de démêler la vérité et de la soutenir hautement.

I° 13

Si Baillet a écrit quelques vies de Saints, sans y faire paraître sa trame et ses desseins secrets, ce sont des Saints modernes et connus, dont les vies sont entre les mains de tout le monde, où il ne pouvait s'écarter, qu'on ne le récria d'abord, qu'il ne se mit en bute aux savants, et qu'il ne fut en prise à ceux qui s'y trouveraient intéressés. Il a cru éviter par cette adresse le reproche qu'on lui fera éternellement, de n'avoir écrit que des satires des Saints, et non pas leur vie.

On veut croire que les siècles d'ignorance ont introduit, dans l'histoire des Saints, quelques traits dont on peut se défier ; mais faut-il pour cela tout rejeter, et tout condamner ? Faut-il faire le procès impitoyablement à tant d'auteurs et à tant de siècles ? Faut-il s'en prendre à l'Église même qui rejette toute fausseté, et toute erreur, et qui condamne tout abus, et toute superstition, quelques parts, qu'elle les trouve ? D'en user de la sorte, n'est-ce pas condamner l'Église, sur ce qu'elle condamne elle-même ? « *nec tacet, nec probat, nec facit* » répondit Saint Augustin aux Donatistes sur la même objection.

On représentera à cette occasion la fausseté des règles de critique, dont Baillet s'est servi dans la vie des Saints qu'il a composée. Ces fausses règles, au nombre de trois, l'ont trompé dès le commencement de son ouvrage jusqu'à la fin.

Voyons à présent ce que Baillet oppose contre le saint Suaire de Besançon ; comment il a voulu décrier une telle Relique, et la rendre suspecte. I° 14

Toutes les objections de cet écrivain se terminent au fond à plaisanter sur la bonne foi de M. Chifflet, parce qu'il avoue qu'on ne sait ni quand, ni comment, ni par qui, le Suaire est venu à Besançon. Voici les termes de Baillet, qu'il est nécessaire de transcrire, et d'examiner[Bai01, art. 12, n. XLI, page 202].

« Chifflet ajoute [Chi24, chap. 4] qu'on croit à Besançon l'avoir reçu de Palestine, mais qu'on ne sait ni quand, ni comment, ni par qui cela s'est fait. Ce qui est une manière admirable de nous persuader de la vérité d'un fait déjà incroyable d'ailleurs. Il rejette toute la faute de cette ignorance sur un coup de tonnerre, dont la foudre brûla l'église de Saint-Étienne, en 1349, et qui étourdit tellement les cerveaux, que tout le monde perdit la mémoire de ces circonstances. En quoi il y a lieu de s'étonner, qu'il n'ait pas mis encore au nombre des miracles du Saint Suaire, l'avantage de n'avoir pas été perdu comme le reste dans l'incendie. Il ne trouve pas même [rien à dire] qu'on ait [pas] parlé de cette Relique à Besançon avant le douzième siècle. »

Quel abus de la critique de nos jours de badiner sur un sujet si sérieux, comme sont de présenter les reliques et de grands miracles ! Quelle réfutation de tourner en ridicule une vérité si respectable !

Quelle objection contre le Saint Suaire de railler sur la foudre qui étourdit tous les cerveaux de Besançon ! Quelle impiété de plaisanter de la sorte sur des choses si saintes ! L'hérésie irait-elle plus loin ? I° 15

Baillet peut-il nier l'incendie de l'église Saint-Étienne, qui arriva en 1349 et qui est de notoriété publique ? Peut-il nier d'ailleurs que l'on conserva le Saint Suaire en ce temps-là dans l'église Saint-Étienne, comme on le conserve à présent dans l'église Saint-Jean ? Cela n'est-il pas encore de notoriété publique ? N'est-il pas encore de la même notoriété, que l'incendie du quatorzième siècle brûla la plus grande partie des ornements et des titres de l'église Saint-Étienne ?

Cela étant ainsi, n'est-il pas à croire que l'incendie fit périr des titres, qui nous auraient donné quelque connaissance du temps, et des personnes qui avaient apporté le saint Suaire à Besançon ?

N'est-il pas à croire, que l'archevêque de Besançon, qui remit le Saint Suaire à l'église Saint-Étienne, remit en même temps avec la Relique, les titres qui la regardaient, et que ces titres s'étant ainsi perdus, on ne doit pas être surpris si l'on n'en trouve plus rien, ni dans les archives du Chapitre métropolitain, ni dans celle de l'Archevêché ; et qu'ainsi la preuve négative ne conclut rien en cet endroit ?

I° 16   Chifflet n'est-il pas digne de louanges, d'avouer de bonne foi que, les titres étant perdus, on ne sait ni quand, ni par qui, ni comment cette Relique a été apportée ? Qu'on ne doit pas s'en étonner, l'église où ces titres étaient gardés ayant été brûlée, il y a plusieurs siècles.

Baillet se moque ici de Chifflet, et de sa bonne foi. Cependant, M. Chifflet est un auteur respectable, non seulement pour sa bonne foi, mais encore pour sa science, par tant d'ouvrages qu'il a mis au jour, estimés des savants, et recherchés et cités partout. Auteur respectable, pour tant de découvertes qu'il a faites dans l'histoire ecclésiastique et civile, dans l'antiquité, et sur les médailles. Auteur respectable, pour avoir défriché une terre inculte, comme l'histoire de la Franche-Comté, et pour avoir composé le beau livre des Saints Suaires qui sont en Occident.

Baillet a-t-il raison après cela, de se récrier comme il fait sur la bonne foi d'un tel auteur ? « Voilà », dit-il, « une manière admirable de nous persuader de la vérité d'un fait déjà incroyable d'ailleurs ».

Et pourquoi ce fait est-il « incroyable d'ailleurs », qu'on en apporte les raisons ? Si on n'en peut apporter aucune, suffira-t-il à un critique, pour détruire une opinion établie, de se récrier et de dire seulement que le fait est incroyable, pour que les savants s'en tiennent à son mot ?

Chifflet n'a jamais prétendu de persuader [prouver] la vérité du Saint Suaire, en avouant qu'on ne savait, de son temps, ni quand,
I° 17   ni par qui, ni comment cette Relique avait été apportée. Il en persuade [présente] la vérité par bien des raisons, mais surtout par les miracles, que Dieu a opérés par cette Relique.

Chifflet représente la perte des titres par l'incendie de l'église

Saint-Étienne; et Baillet plaisante sur le coup de tonnerre qui étourdit les cerveaux des habitants, à faire oublier ce qu'on savait du Saint Suaire. Une telle raillerie est-elle assez fine et spirituelle pour le sujet? Est-elle assez sérieuse, pour attaquer l'authenticité d'une célèbre Relique? N'est-elle pas assez grossière, pour représenter son auteur indigne d'écrire sur une matière sainte, et de religion?

Baillet ajoute, « En quoi il y a lieu de s'étonner, qu'il n'ait pas mis encore au nombre des miracles du Saint Suaire, l'avantage de n'avoir pas été perdu comme le reste dans l'incendie. »

Chifflet pouvait assurément marquer la conservation du Saint Suaire en cette occasion, comme un effet d'une Providence particulière, qui tient du miracle envers cette Relique, puisque les ornements, les titres, et tant d'autres choses y périrent. Mais c'est qu'un miracle fait peur à cet écrivain.

C'est la marque d'un esprit faible, parmi les critiques de nos temps, de croire un miracle; et une honteuse faiblesse de l'avouer. C'est un fantôme d'une imagination blasée qu'un miracle pour des critiques, surtout pour cinq ou six du premier ordre, que les savants connaissent qui ont conspiré contre tout le merveilleux de la religion catholique, et qui prétendent avoir acquis le droit de contester tous les miracles, par la supériorité de leur génie, et par la vaste étendue de leurs connaissances.

Baillet se moque encore de la merveille dont parle Chifflet[5] que Dieu opéra à Besançon, en 1544, en la racontant à sa manière. C'est la peste qui cessa tout à coup en cette ville, et le même jour qu'on fit un vœu public à Dieu devant le Saint Suaire. On établit alors une confrérie célèbre dans l'église Saint-Étienne, pour l'honorer le onzième de mai, avec un office solennel et une procession générale.

I° 18

Si l'on peut publier un miracle à l'honneur d'une Relique, celui-là en est un? Si l'on doit le reconnaître et en remercier Dieu, c'est en cette occasion? Une peste publique qui ravage une ville, et qui cesse tout à coup le même jour qu'on fait le vœu devant la Relique, avec une procession générale de tous les corps, et des prières publiques! Miracle qui a autant de témoins, qu'il y avait alors d'habitants dans la ville de Besançon!

Il n'y aura donc plus de miracles et l'on n'en verra plus dans l'Église catholique parce que nos critiques n'en veulent point. Tout le merveilleux de la vie des Saints n'est donc plus que contes faits à

---

5. Chap. 14.

plaisir ? Tous les prodiges que Dieu a opérés depuis les apôtres dans la suite des siècles pendant la vie des Saints, et après leur mort, à leurs tombeaux, et par leurs reliques, tous ces prodiges qui ont duré si longtemps, et quelques-uns qui durent encore, que les provinces et les nations entières ont admirés ; que des écrivains contemporains, qui les ont vus, ont écrits ; que les Saints-Pères eux-mêmes ont racontés et loués, que le Saint-Siège a reconnus, que des conciles oecuméniques ont approuvés, dont l'Église catholique en a rendu des actions de grâces publiques à Dieu, tout cela ne sont que des fables, parce que nos critiques n'y donnent point leurs suffrages et qu'ils ne veulent plus qu'une religion naturelle ?

L'Église ne canonisera donc plus de Saints, puisqu'elle recherche toujours des miracles aussi bien que l'héroïcité de leurs vertus et qu'elle joint toujours l'un à l'autre pour les canoniser ? L'Église est bien en tort de ne point examiner les miracles selon les vues de nos critiques, et de ne pas suivre leurs lumières ?

Les merveilles que Dieu a opérées par les reliques des Saints et par leurs images sont à présent incroyables ; parce que des savants orgueilleux ne doivent pas les croire, comme le commun des chrétiens ? Parce que des critiques qui favorisent l'impiété ne veulent pas les croire ? Parce que des novateurs ne peuvent se soumettre à les croire ? Parce que des révoltés contre l'Église, qui ont perdu la Foi, attestent toujours de les combattre, bien loin de les croire ?

Il n'y aura donc plus de ce merveilleux dans la vie et dans l'histoire des Saints ! Les plus habiles écrivains de nos temps se feront désormais une loi de n'en plus parler ; ou s'ils en parlent, ce sera comme ils font à présent en prenant leurs précautions pour affaiblir ce merveilleux, si fort qu'on n'en reconnaisse plus, et que les critiques qui ont pris le dessus, dont on craint la plume, ne puissent leur faire nul reproche sur cela ?

On n'admirera donc plus à l'avenir les héros de l'Église, qui ont fait tant de prodiges, parce qu'on doit mesurer maintenant la force du Tout Puissant selon les forces de la nature, selon la capacité de l'esprit humain, et selon les règles nouvelles de la critique du temps ? Le bras du Très Haut est donc raccourci ? Le Dieu des chrétiens n'est donc plus le même que le Dieu des Israélites, pour lesquels il a opéré tant de merveilles ? Où est le Dieu d'Élie, disait Élisée, lorsqu'on lui refusait un miracle ? Où est le Dieu des apôtres, dirons-nous, qui ont fait changer de face à l'Univers par leurs prodiges, puisqu'on n'en

Avertissement 53

veut plus reconnaître à présent ?

Le Créateur, en prescrivant des lois et des bornes aux créatures, s'est-il dépouillé lui-même du pouvoir de changer ces lois, et de passer ces bornes, quand il le juge à propos ? En coûte-t-il trop à cette puissance souveraine de les passer et d'opérer des prodiges ? La puissance d'un Dieu ne met-elle pas le prodigieux dans les règles ?

L'Église catholique qui a toujours vu de la vraisemblance dans les miracles, en confirmation de la vérité qu'elle enseigne, n'est donc plus l'Épouse de Jésus-Christ, ou les promesses que Jésus-Christ lui a faites sont elles fausses, puisqu'il lui a promis qu'elle verrait toujours des miracles, et de plus grands encore, que ceux qu'il a faits lui-même ? Jésus-Christ ne soutiendra plus cette Église par ce moyen, il ne la distinguera plus par là de tant de sectes et de fausses religions, où il ne s'est jamais fait un seul miracle ?

Ne savons-nous pas, critiques présomptueux, aussi bien que vous, que de croire d'abord tous les miracles dont on parle, c'est faiblesse ; mais ne savez-vous pas vous-mêmes, aussi bien que nous, que de les tous nier, comme vous attestez de faire, c'est impiété ?

Ne savons-nous pas aussi bien que vous, que de dégager l'histoire ecclésiastique de quelques mécomptes et de la redresser sur de certains faits, c'est sagesse ? Mais ne savez pas vous-mêmes, aussi bien que nous, que de toucher à la Foi et de l'affaiblir pour soulager l'esprit humain, de croire des choses extraordinaires comme si la foi des fidèles en était surchargée, c'est extravagance et folie ? Rien au contraire ne soulage plus l'esprit humain que lorsque la Foi l'éclaire ; et rien n'appuie plus la Foi, que ce qui relève la gloire des Saints et le prix de leurs reliques, comme font les miracles par lesquels il a plu à Dieu de les autoriser. I° 21

Critique téméraire, qui ne pense qu'au rabais des miracles ! Critique audacieuse, qui veut ignorer le pouvoir accordé par Jésus-Christ à ses disciples, et à leurs successeurs, d'augmenter sur ses miracles !

Critique impie qui veut compter pour rien les dépositions de tant de Saints-pères, qui ont passé dans tous les siècles pour les génies les plus forts et des esprits du premier ordre ; et qui veut contester les témoignages authentiques de ces saints docteurs, les Maîtres de l'Église, sur les merveilles qui se sont passées de leur temps et sous leurs yeux, qu'ils ont écrites ou faites eux-mêmes !

6.2.1 La Fausse Histoire du Suaire de Lirey

Ce qui est ici de plus à remarquer, c'est que Baillet n'a fait que copier Chifflet dans l'histoire des autres Saints Suaires, après s'être moqué de tout ce qu'il avait dit sur celui de Besançon. Il a copié jusqu'aux fautes de Chifflet, où il fallait les relever en habile critique, et non pas les transcrire en ignorant, comme il l'a fait ; surtout dans l'histoire du saint Suaire de Turin, qu'ils représentent l'un et l'autre d'une manière si confuse, que la confusion fait voir la fausseté du récit qu'ils en font tous les deux. On parle ici du récit, et non pas de la Relique ; de l'histoire, et non pas du Saint Suaire même, qu'on révère, dont on ne veut point parler, selon la protestation qu'on en a faite au commencement.

Ces deux auteurs disent[6] que ce Geoffroy de Charny, gentilhomme du duché de Bourgogne, gouverneur de Picardie, fonda en 1353 l'église collégiale de Lirey, bourg de Champagne à trois lieues de Troyes, et qu'il donna à cette église de Lirey[7], dont il était fondateur, le Saint Suaire qui est à présent à Turin. Cinq réflexions vont nous convaincre de la confusion de ce récit, et par là de sa fausseté.

La Première

Ces deux auteurs ne disent point ni quand, ni par qui, ni comment le saint Suaire de Turin était venu entre les mains de Geoffroy de Charny, qui en fit présent à l'église de Lirey. Cependant, Baillet n'a rien objecté à Chifflet de plus fort contre le saint Suaire de Besançon, que ce que lui-même dit de celui de Lirey ?

La Seconde

Le Suaire de Lirey, dit Baillet après Chifflet, demeurera enfermé à Lirey dès 1390, jusqu'en 1418, quand les chanoines de Lirey le mirent en dépôt chez Humbert de la Roche, du comté de Bourgogne, seigneur de Villersexel, qui avait épousé Marguerite de Charny, petite-fille et héritière de leur fondateur, et cela à cause des guerres civiles. Est-il vraisemblable qu'on ait porté une telle Relique dans une province étrangère et à plus de quarante lieues pour la cacher ?

---

6. Chifflet, chap. 19.
7. NdT : « Lyré » dans le manuscrit.

La Troisième

Parce qu'un seigneur de la Roche avait donné le saint Suaire de Besançon à Besançon, comme on verra dans la seconde preuve de cette dissertation.

On a mis, encore sur le compte de la famille de la Roche, le saint Suaire de Lirey par confusion. Autre preuve de la fausseté de l'histoire qu'on en fait.

I° 23

La Quatrième

Baillet ajoute, après Chifflet, que Marguerite de Charny donna le saint Suaire de Lirey à Louis duc de Savoie ; et Papirius Masson [Jean Papire Masson, 1544–1611], qui a écrit l'histoire du saint Suaire de Turin, a marqué que François de la Pallud, marquis de Varambon, l'avait apporté de l'île de Chypre, et l'avait donné au duc Louis de Savoie, en 1453. Ce duc en fit frapper une médaille, que Chifflet a fait graver ; on la voit dans son livre des saints Suaires [8].

La Cinquième

Les contestations des chanoines de Lirey, avec leur prélat, sur cette Relique ; le bref de Clément VII contre la Relique même ; les arrêts du Parlement de Dole, pour faire restituer cette Relique, qui n'ont point été exécutés, sont d'autres preuves de la fausseté de l'histoire de Lirey.

6.2.2 Conclusion

Baillet a copié toutes ces contradictions, qu'il devait développer en habile écrivain, et en savant critique ; il a donné dedans en aveugle, et il les a laissées dans une confusion qui nous fait bien connaître son peu d'intelligence dans l'histoire, et son peu d'exactitude dans la critique où il a prétendu cependant être un grand maître.

Du reste, il nous est tombé entre les mains des manuscrits, que nos historiens n'ont point vus, et qui ont tiré la Vérité des ténèbres où elle était ensevelie depuis si longtemps.

I° 24

Avec ces lumières nouvelles, on a démêlé, il me semble, le supposé du légitime ; le vrai du faux ; et le certain du douteux.

---

8. Chifflet, page 119.

6.2.3 Structure de Cette Dissertation

On va représenter à présent, quand, d'où, par qui, et comment le Saint Suaire a été apporté à Besançon.

Quoique la tradition et l'histoire soient des preuves suffisantes de la vérité du Saint Suaire, on en a ajouté six autres par surabondance. Comme on s'est servi de huit preuves; on a répondu de même à huit objections qu'on fait contre cette Relique, pour ne rien laisser à désirer aux savants et aux curieux; pour approfondir entièrement le sujet et pour mettre à bout la fausse critique, et l'impiété. On a divisé pour cela cette dissertation en deux parties. Dans la première partie, on verra les preuves de la vérité du Saint Suaire dans toutes les circonstances. Dans la seconde partie, on verra la solution des objections qu'on a faites contre cette Relique.

Section 6.3

Première Partie de la Dissertation

Les Preuves de la Vérité du Saint Suaire de Besançon I° 25

6.3.1 1er Preuve. La Tradition de l'Église de Besançon

La tradition est la preuve ordinaire, et souvent la plus forte dont on se sert, pour établir la vérité des reliques que l'on conserve dans les principales églises de l'Occident.

Comme la tradition marquée par les Saints-Pères et soutenue de l'infaillibilité de l'Église Universelle est une preuve incontestable des vérités catholiques. De même à proportion, la tradition confirmée par des anciens auteurs, et soutenue d'une église particulière considérable, est un argument très fort de la vérité d'une relique, que I° 26 cette église particulière conserve depuis plusieurs siècles. Cette tradition à la vérité n'est pas incontestable, puisqu'elle n'est appuyée que sur des auteurs qui ont pu se tromper ; qu'elle n'est autorisée que d'une église particulière qui n'est pas infaillible comme l'Église Universelle, et qu'il ne s'agit pas d'un dogme de Foi, quand il ne s'agit que de la vérité d'une belle relique, mais seulement d'un point de discipline. Il est cependant toujours vrai de dire que la tradition authentique d'une église particulière considérable, comme celle de Besançon, est un argument très fort de la vérité d'une relique, lorsque cette église la conserve et l'honore depuis plusieurs siècles.

La tradition est encore d'un plus grand poids, et un argument plus fort, si cette église particulière n'a jamais été dans les ténèbres épaisses du schisme et de l'hérésie ; ni dans les sombres brouillards d'une ignorance crasse, à la faveur desquels l'erreur aurait pu s'y glisser et s'y établir. Or, voilà l'état et le caractère de l'église de Besançon (comme on le verra à la troisième preuve). Jamais la Foi catholique ne s'y est éclipsée, depuis le commencement de la religion chrétienne ; ni jamais le schisme n'y a prévalu. Jamais l'ignorance n'y a dominé, pour qu'une erreur considérable dans la discipline comme celle-ci ait pu s'y glisser, s'y établir, et y durer pendant si longtemps.

On ne peut disconvenir que le long court de tant de siècles n'ait enseveli dans l'oubli une partie des plus belles choses que nos princes, nos prélats, et nos ancêtres ont faites pour la religion. Il faut I° 27 encore demeurer d'accord que la négligence des écrivains du bas âge, et le peu d'exactitude qu'on avait en ces siècles d'ignorance, d'écrire les plus grands événements, et d'en conserver le souvenir à la postérité, nous ont privé de beaucoup de connaissances qui embelliraient l'histoire, dont quelques fragments qui ont échappé, font tant d'honneur aux églises particulières, et aux villes qui les ont recueillis.

Il est encore vrai que les guerres sanglantes qui ont agité la Franche-Comté, les embrasements des villes, les révolutions de cette province, et tant de changement qui y sont arrivés depuis le treizième siècle, ont fort obscurci ce qui s'y est passé sur la religion, et ce qu'on a fait pour la soutenir, mais nonobstant tous ces orages, malgré tous ces malheurs, à travers toutes ces difficultés, la religion s'y est toujours soutenue dans la pureté ; nos ancêtres ne se sont jamais démentis sur la Catholicité ; ils ont toujours conservé le dépôt de la Foi sans jamais permettre qu'on y donnât la moindre atteinte. On a donc raison de dire que la tradition des choses considérables qui concernent la discipline s'est toujours conservée de même ; et qu'ainsi on est obligé de recourir à cette tradition, et d'y déférer ; de voir ce que nos auteurs en ont écrit, de rechercher ce que nos pères en ont appris les uns des autres, et d'y acquiescer.

I° 28   Or, le témoignage de nos écrivains, et la déposition de nos Pères n'ont jamais varié sur la vérité du Saint Suaire. Tous nos auteurs l'ont marqué partout, quoiqu'ils n'aient pas su quand et par qui il avait été apporté. Nos pères n'ont jamais douté qu'ils ne fussent les dépositaires d'un si grand trésor. La cité de Besançon s'est toujours félicitée d'un si grand avantage.

Il est d'ailleurs de notoriété publique que l'on conserve cette Relique en cette ville et qu'on l'y honore de temps immémorial. Or, ce temps immémorial, cette longue possession, et cette durée de tant de siècles, fait une autre tradition qui, étant jointe à la première de grands auteurs et de témoins, font toutes les deux une preuve très forte, et moralement certaine de la vérité de ce saint monument.

La première tradition est une tradition vivante de tant d'auteurs et d'écrivains qu'on la citera dans la deuxième preuve ; et de nos pères, et de nos ancêtres qui se sont succédé, qui se sont vus, et qui se sont parlé les uns aux autres, qui font une chaîne jusqu'à nous. La seconde tradition est une possession immémoriale de la Relique.

Ces deux traditions réunies font une tradition constante, perpétuelle, claire et solide, de la vérité du Saint Suaire ; mais une tradition suivie et sans variation ; une tradition sans interruption et sans lacunes ; une tradition universelle d'une grande ville ; et d'une province considérable ; une tradition d'un clergé illustre et nombreux ; une tradition d'une église éclairée et toujours attentive à écarter l'erreur et à ne s'y point laisser surprendre. Une tradition authentique et certaine de tout point, autant qu'elle peut l'être, suivant la tradition de l'Église catholique qui est une règle de Foi. Une tradition dont un siècle éclairé comme le nôtre doit être satisfait, sans en demander davantage.

Car enfin, quelle tradition plus sûre que celle qui n'a jamais été contestée que par un critique novateur, dont tout le monde, connaît l'audace et la témérité, et qui n'a pu encore la contester que par des railleries grossières fades et insipides ? On a contesté la vérité du saint Suaire de Turin lorsqu'il était à Lirey, les prélats se sont déclarés contre, le pape l'a fait cacher et fermer. Jamais on n'a rien ouï dire de semblable à celui-ci. La tradition certaine l'a toujours soutenue ; la tradition constante l'a toujours fait honorer ; la tradition perpétuelle l'a toujours fait montrer aux peuples avec les cérémonies les plus majestueuses et le respect le plus profond durant plusieurs siècles.

f° 29

Quelle tradition plus sûre, encore une fois, que celle dont on connaît maintenant les auteurs qui ont apporté la Relique, et ceux qui l'ont reçue, dont on parlera dans la preuve suivante ? Quelle tradition plus assurée que celle qui marque quand, par qui, comment, et de quelle manière cette Relique est venue ? Quelle tradition plus claire que celle qui en représente toutes les circonstances ? Quelle tradition plus certaine enfin que celle que la critique la plus présomptueuse ne peut affaiblir quoiqu'elle fasse ? Quelle tradition plus authentique que celle que l'impiété ne peut au fond nier ni démentir ?

Si l'on réunit maintenant toutes les autres preuves qu'on va représenter en cette première partie, à celle d'une telle tradition, et à la solution de toutes les objections qu'on marquera dans la deuxième partie, il faudra que la critique la plus téméraire, l'incrédulité la plus opiniâtre, et l'impiété la plus entêtée demeurent muettes.

6.3.2 2ᵉ Preuve. L'Histoire du Saint Suaire

La Fausse Histoire du Saint Suaire

Après avoir lu et recherché avec attention tout ce qu'on a écrit du Saint Suaire, on est obligé de désavouer l'historien de la Franche-Comté [9] qui a écrit que cette Relique avait été apportée à Besançon au quatrième siècle, et que Celidonius, archevêque de la ville, l'avait reçue de sainte Hélène, mère du Grand Constantin, et que cet Empereur et l'Impératrice sa mère avaient fait ce grand présent à la cité.

L'opinion de cet historien est insoutenable, puisque Celidoine, qu'on suppose avoir reçu cette Relique de sainte Hélène au quatrième siècle, n'a vécu que dans le cinquième, du temps de Saint Léon le Grand qui le rétablit dans son Évêché de Vaison en mettant à néant la sentence de saint Hilaire d'Arles qui l'avait déposée.

Cela a été une équivoque que les copistes ont faite dans les manuscrits, en mettant « *Vesontionensis* », pour « *Vasionensis* ». Comme on le prouve incontestablement dans la dissertation qu'on en a faite et qu'on donnera bientôt au public. Ainsi, le fameux Chelidoine, ou Celidoine, dont on a déjà tant écrit, n'a jamais été évêque de Besançon, mais de Vaison ; il n'a jamais ni vu ni reçu la Relique dont il est question. Outre que sainte Hélène était sortie de ce monde avant que Celidoine y entrât.

Si le Saint Suaire avait été apporté à Besançon sous le Grand Constantin, il aurait infailliblement péri dans l'incendie de cette ville qui arriva sous Constantin, son fils, les Allemands l'ayant ruiné de fond en comble, et réduite en cendres, comme on le voit dans la lettre que Julien l'Apostat en écrivit au philosophe Maxime, où cet Empereur déplore le fort de cette grande ville qui n'était plus qu'un amas de pierres, et une confusion de masures.

Si le Saint Suaire avait été dès le quatrième siècle à Besançon, il aurait encore infailliblement péri au cinquième (à moins qu'on ne recoure à des miracles) dans l'embrasement universel de cette ville sous Avila qui fit passer au fil de l'épée tous les habitants, sans épargner ni âge ni sexe, et qui réduisit la ville en cendres ; comme tant d'historiens de ce temps-là nous ont fait remarquer.

Si le Saint Suaire avait été à Besançon depuis sainte Hélène, Grégoire de Tours, qui a vécu au sixième siècle, qui a parlé des reliques de saint Ferréol [†212] et de saint Fériéu [Ferjeux, †212], et qui en

---

9. Loys Gollut [Gol46], livre 1, chap. 26.

raconte des miracles, aurait assurément parlé de la grande Relique du Saint Suaire, et des miracles que Dieu a toujours opérés en son honneur.

Si le Saint Suaire avait été à Besançon dès les premiers siècles du christianisme, Marins d'Avanche [Marius d'Avenches, 6ᵉ siècle] qui était du pays, et Jonas [Jonas de Bobbio, 600–après 659] auteur de la vie des Colomban, qui nous représente l'état de cette ville de son temps, ces deux écrivains du septième siècle, nous auraient dit quelque chose d'une Relique si précieuse, et si considérable.

Saint Pierre Damien qui passa à Besançon au 11ᵉ siècle, et qui fit tant de remarques sur les églises et les moeurs de cette ville, comme nous le voyons dans les lettres qu'il en écrivit à Hugues, premier archevêque de Besançon, ce Saint en aurait probablement parlé, il en aurait écrit quelque chose [10].

Saint Bernard qui a fondé tant d'abbayes au comté dans le douzième siècle, qui en a visité et honoré tous les monuments de religion, ce Saint aurait dit quelque chose du Saint Suaire, s'il avait été à Besançon de ce temps-là. Il aurait certainement voulu le voir et l'honorer. Cet argument sont des preuves négatives qui ne convainquent pas, mais qui, étant jointes à tant d'autres positives qu'on verra dans la suite, deviennent de poids et servent beaucoup à parvenir à la Vérité.

f° 32

Voici encore une preuve négative très forte qu'on ne peut omettre. Si le Saint Suaire avait été à Besançon au 11ᵉ siècle, le pape Léon IX, qui consacra le grand autel de Saint-Étienne, en 1048, en aurait bien marqué quelque chose dans la bulle qu'il accorda aux chanoines de Saint-Étienne, en 1051, puisqu'il y marqua qu'il a vu en cette église la relique du bras de saint Étienne sans dire un mot du Saint Suaire.

Cette preuve, quoique négative, a paru si forte à M. Chifflet qu'elle lui a fait changer de sentiment. Car dans le livre qui a pour titre *Vesontio*, imprimé à Lyon en 1618, il avait suivi le sentiment de Gollut [Loys Gollut] et des autres anciens écrivains du pays comme on le voit à la page 108 de la seconde partie. Mais ayant mieux approfondi le sujet, il changea d'opinion comme on le voit dans le livre des Saints Suaires, chapitre neuvième, page 52, imprimé à Anvers en 1624, c'est-à-dire six ans après.

M. Chifflet s'est encore trompé en marquant au même endroit

---

10. Pierre Damien, livre 3, Episs. 8.

qu'on vient de lire que le Saint Suaire avait été apporté à Besançon au commencement du 12ᵉ siècle. Il y a marqué ensuite, à la page suivante du même chapitre qu'on n'a commencé à honorer le saint Suaire à Besançon qu'au commencement du 13ᵉ siècle et qu'il a trouvé cela dans les archives de l'église de Besançon. Ce qui revient à notre sentiment et à l'histoire qu'on va représenter. M. Chifflet n'a pas pris garde, qu'on serait demeuré un siècle entier sans honorer publiquement le saint Suaire à Besançon, si le Suaire y avait été apporté comme il dit au commencement du 12ᵉ siècle, et qu'on ne l'eût honoré publiquement et montré qu'au commencement du 13ᵉ comme il ajoute. Cette réflexion devait lui faire soupçonner quelque mécompte en cet endroit, et qu'il ne lui manqua quelque connaissance là-dessus. Cet auteur n'avait pas vu les manuscrits qu'on a trouvés depuis lui et qu'on citera plus bas ; s'il n'a pu pour cela parvenir tout à fait à la vérité, il en a fort approché.

La Vraie Histoire du Saint Suaire

Le Saint Suaire a été apporté de Constantinople à Besançon du temps de la cinquième [quatrième] croisade, au commencement du treizième siècle, en 1206, il y a cinq cent huit ans [11]. Voici l'histoire dans toutes les circonstances. Mais il faut la reprendre de plus haut, et faire une petite digression sur les croisades, qui est absolument nécessaire pour porter du jour et de la clarté sur l'histoire du Saint Suaire.

Le pape Urbain II, ayant résolu de faire une croisade pour retirer la Terre Sainte des mains des Infidèles, vint en France pour ce sujet, où il assembla un concile à Clermont en Auvergne, en 1095, après en avoir déjà tenu un autre à Plaisance pour le même dessein, l'année auparavant, en 1094 [mars 1095].

La croisade résolue de nouveau à Clermont, toute l'Europe se mit en mouvement et en arme, et l'on vit trois ans après l'Europe en bataille rangée contre l'Asie.

Les princes croisés, parmi lesquels était le comte de Bourgogne, choisirent Godefroy de Bouillon, duc de Lorraine, le héros de son siècle, pour général de la principale armée, qui se trouva encore en 1097, après de si longues marches, de cent mille chevaux et de cinq cent mille hommes de pied, à la revue, qu'on en fit au siège de Mi-

---

11. On en déduit que le manuscrit a été rédigé en 1714.

cée ; sans parler des Vénitiens, des Génois et des Pisans, qui tenaient la mer avec une puissante flotte.

Pierre l'Ermite, qui avait été l'âme de cette entreprise, avait pris les devants avec une multitude infinie de croisés, dont les princes s'étaient adroitement déchargés comme d'une multitude indisciplinée et d'un embarras inutile.

La ville de Jérusalem fut enfin prise et emportée d'assaut, et tous les Infidèles passés au fil de l'épée, en 1099.

Le Royaume de Jérusalem fut établi et Godefroy élu Roi. Il fallut faire ensuite beaucoup d'autres croisades en Europe pour soutenir les conquêtes des premiers croisés dans l'Orient.

La cinquième [quatrième] croisade, qui a fait le bonheur de Besançon, le fit cent ans après la première, en 1201 à Soissons, sous Philippe Auguste et sous Innocent III. Le prédicateur de cette croisade fut Foulques de Neuilly. Les princes croisés choisirent le marquis Boniface de Montferrat pour chef et général de l'armée.

Ils allèrent ensuite embarquer à Venise où ils engagèrent les Vénitiens dans la croisade. I° 35

Isaac l'Ange, empereur en ce temps-là de Constantinople, ayant été renversé du trône par son propre frère Alexis, prit le nom de Comnène. Le jeune Alexis fils d'Isaac l'Ange, ayant échappé à l'usurpateur, se déroba de Constantinople déguisé en matelot italien et vint en Allemagne se réfugier à la cour de l'empereur Philippe qui avait épousé sa soeur Irène.

L'Empereur Philippe envoya à Venise le jeune prince Alexis son beau-frère, avec les ambassadeurs aux princes croisés, pour les engager à tourner leurs armes contre l'usurpateur Comnène, Alexis leur promettant tout de la part, si on le rétablissait sur le Trône de son père ; aussi bien la prise de Constantinople, leur dit-il, est le moyen le plus sûr pour réussir dans les entreprises de l'Orient, et pour affermir la conquête du Royaume de Jérusalem.

Les raisons d'Alexis, l'autorité et les promesses de l'empereur d'Occident son beau-frère, jointes aux intérêts des Vénitiens, l'emportèrent. Le siège de Constantinople fut résolu dans l'assemblée des princes croisés.

La grande et la belle ville de Constantinople fut donc assiégée en 1204. Emportée d'assaut, et mise au pillage pour ce jour-là, en accordant aux habitants la vie, l'honneur et la liberté, on y trouva des richesses inestimables. Le maréchal de Villehardouin assure que les soldats firent le plus grand butin, en or, en argent, en meubles précieux, qui se soit jamais fait dans la prise d'aucune ville depuis la création du monde.

I° 36   Lorsqu'on allait rétablir le jeune prince Alexis sur le trône, on apprit qu'il n'était plus le même, et qu'il s'était laissé débaucher contre les Latins par le perfide Mursuphle, qui étrangla de ses mains le pauvre prince en prison, et qui se fit ensuite proclamer empereur de Constantinople par un corps de l'armée grecque, qui était aux environs de cette grande ville. Les princes croisés, voyant toutes ces perfidies, marchèrent contre Mursuphle, le prirent et le firent mourir. Ils choisirent ensuite Baudoin, comte de Flandre et de Hainaut, pour empereur de Constantinople.

On fit après cette élection le partage des terres et de la distribution des provinces de l'Empire grec, en laquelle le marquis Boniface, général de l'armée, eut le royaume de Thessalonique, les Vénitiens eurent les îles de l'Archipel, les côtes de la Phrygie, et l'île de Landie. La Bythinie sous titre de duché échut au comte de Blois.

Dans l'armée des croisés, il y avait deux jeunes seigneurs Comtois, illustres par leur naissance, mais encore plus illustres par leur valeur, et par tant d'autres belles qualités. Ils étaient intimes amis et inséparables l'un de l'autre. Ils se distinguèrent si fort tous les deux au siège de Constantinople, où ils furent blessés, que, dans la distribution des provinces de l'Empire, ils eurent les plus belles provinces de la Grèce.

Le premier était Guillaume de Champlitte, de la maison des comtes de Champagne, mais qui demeurait alors en Franche-Comté et qui était seigneur de Pontaillie sur la Saône [Pontailler-sur-Saône], il eut la principauté de l'Achaïe et du Péloponnèse [12].

I° 38   L'autre [13] seigneur Comtois était Othon de la Roche, qui eût Athènes et Thèbes à titre de duchés, dont il fit la conquête, aidé de son grand ami Guillaume de Champlitte, qu'il aida aussi à son tour dans celle du Péloponnèse.

C'est à cet Othon de la Roche, duc d'Athènes et de Thèbes, que Besançon doit le Saint Suaire, comme on dira plus bas, après qu'on aura fait connaître la personne et la famille, en peu de mots.

---

12. Voyez la note qui est à la fin de la deuxième preuve sur Guillaume de Champlitte.

13. NdT : Le feuillet précédent du manuscrit est noté « Le St. Suaire de Besançon. 2 cayer [cahier]. »

Le moine Albéric [Aubry de Trois-Fontaines], dans sa chronique, raconte comment Othon de la Roche fut fait duc d'Athènes et de Thèbes [14] [Voir aussi Longnon [Lon73]]. Othon se maria en Grèce et eut un fils et une fille. Le fils, Guillaume de la Roche, succéda à son père Othon, aux duchés d'Athènes et de Thèbes, comme raconte Baudoin d'Avernes, en son livre de généalogie manuscrit. Cet auteur ajoute que la postérité régna longtemps en Grèce.

La fille d'Othon de la Roche épousa Guillaume de Montferrat, roi de Thessalonique, fils de Boniface, général de la croisade. La petite fille de Guillaume de la Roche fut mère de Gauthier de Brienne, roi de Jérusalem, quatrième du nom. On voit cette illustre succession dans le livre manuscrit de M. Chifflet [Jules Chifflet, 1615–1676] [15], abbé de Balerne, des généalogies de la noblesse du Comté [16].

La meilleure partie du grand butin que fit l'armée des croisés à la prise de Constantinople, furent les précieux trésors d'une infinité de saintes reliques, que les empereurs grecs, depuis le Grand Constantin, avaient fait transporter de tout l'Orient, et particulièrement de la Palestine à Constantinople, et qui, depuis la prise, ont enrichi beaucoup de célèbres églises et par toute l'Europe, surtout en France, comme disent deux célèbres historiens [17]. C'est de là que Besançon a eu le Saint Suaire. Voici comment.

Les princes et les seigneurs de l'armée Croisée, s'étant réservé et partagé les principales reliques, le Saint Suaire tomba en partage à Othon de la Roche, duc d'Athènes et de Thèbes, qui l'envoya au comté de Bourgogne à Pontius [Ponce] de la Roche, son père, qui était d'une grande piété et qui demeurait alors au Château de la Roche, qu'on appelle aujourd'hui Château-neuf, à sept lieux de Besançon, au début de la vallée de Notre-Dame-de-la-Consolation. Nous trouvons ce fait, comme on vient de le marquer dans trois manuscrits : dans l'ancien cartulaire de l'abbaye d'Acey [18] ; dans un ancien titre de l'abbaye de la Charité ; et dans la généalogie manuscrite en italien et en vélin de Pierre de Luxembourg, comte de Saint-Paul et de Conversan.

I° 39

---

14. « *Otto de Rupe, cuiusdam nobilis Pontii de Rupe in Burgundia, quodam miraculo fit dux Atheniensium atque Thebanorum* ».

15. NdT : Jules Chifflet, fils de Jean-Jacques Chifflet.

16. Voyez la note sur Othon de la Roche, à la fin de la deuxième preuve.

17. Sponde, ad annum 1205, I et II. Maimbourg, livre 8, 1204.

18. NdT : Le titre originel est *Cartularium abbatiae Accincti in comitatu Burgundiae, vulgo Acey, ord. cist.*

Nous entrevoyons encore cette vérité dans la chronique du moine Albéric, lorsqu'il parle des miracles arrivés dans la famille d'Othon de la Roche ; et dans l'histoire de la cinquième [quatrième] croisade et de la prise de Constantinople, que Montaner[19] a faîte. On voit encore cette vérité dans Jérôme Turrita[20], gentilhomme aragonais qui se trouva à la prise de Constantinople par les Latins. Cet historien nous représente Othon de la Roche comme un héros, dans son histoire manuscrite[21]. Il assure, ce qu'il a vu, que le jeune seigneur fit de si grands prodiges de valeur en ce siège, que les princes croisés l'admirèrent et qu'en récompense, après l'avoir fait duc d'Athènes et de Thèbes, ils lui donnèrent la plus belle Relique.

I° 40   Pontius [Ponce] de la Roche, apprenant la nouvelle de l'élévation de son fils Othon, et recevant de sa part le grand présent du Saint Suaire, se prosterna devant la Relique, la baisa avec beaucoup de respect, de tendresse et de larmes. Comme il était d'une haute piété, il en fit rendre des actions de grâces au Ciel, dans toutes les abbayes de Cîteaux du Comté dont il était le protecteur et le gardien, comme on l'appelait de ce temps-là. Pontius, ayant beaucoup de terres au Comté, et changeant souvent de demeure, à la manière des grands seigneurs du pays, faisait toujours porter cette précieuse Relique avec lui. Les peuples accouraient alors de toutes parts où il était, pour honorer le Saint Suaire.

Amédé [Amédée de Tramelay, 1193–1220], archevêque de Besançon, demanda cette Relique à Ponce de la Roche ; il l'obtint sur ce qu'elle serait plus en assurance, lui dit-il, et en vénération, dans une grande ville qu'à l'abbaye de la Charité, où le seigneur voulait la remettre. Ponce se rendit à cette raison, et la remit au prélat, en 1206, pour être conservée à perpétuité dans la ville de Besançon, où elle est encore à présent.

Ponce de la Roche étant mort quelques années après, les abbayes de la Charité et celle de Lieu-Croissant, appelée aujourd'hui des Trois-Rois, eurent disputé entre elles, pour avoir son corps, l'abbaye

---

19. NdT : Gian Maria Zaccone [Zac97] suggère qu'il s'agit peut-être de Ramon Mountaner, 1265–1336, auteur de « Les Chroniques Catalane »

20. NdT : Vignon [Vig02] pense qu'il s'agit de Jerónimo Zurita, 1512–1580, mais cet auteur est du 16ᵉ siècle et non du siècle de la quatrième croisade. Zaccone [Zac97] ne trouve aucun personnage de ce nom ayant participé à la quatrième croisade.

21. L'histoire manuscrite en original, Jérôme de Turrita [Jerónimo Zurita], est à l'Escurial. Ces faits sont cités dans un manuscrit de M. Chifflet, abbé de Balerne.

de la Charité l'emporta. C'est là où il fut enterré ; il repose dans le chapitre du cloître avec les seigneurs d'Oyselet [22]. Ce seigneur est mort en odeur de sainteté. Il fit de grands biens aux abbayes de Cîteaux, et de grandes aumônes aux pauvres, dont il était le père, que Dieu récompensa dès cette vie, en élevant son fils, et le faisant un prince de l'Empereur grec.

L'illustre famille de la Roche, à laquelle la ville de Besançon aura l'éternelle obligation du Saint Suaire, finit en Marguerite de Petite-Pierre [Petit-Pierre] héritière de Gillette de la Roche, sa mère. Marguerite de Petite-Pierre [Petit-Pierre] épousa, en 1432, François de la Pallud, seigneur de Varambon. En considération de ce mariage, Humbert comte de la Roche, oncle de cette dame, se voyant sans enfant, fit une donation de tous ses biens à François de la Pallud.

f° 41

La famille de la Pallud de Varambon a fini de nos jours en le Marquis de Varambon, qui est mort sans enfants. La soeur de ce Marquis épousa le comte de Poitiers, dont elle eut le Comte et le Marquis de Poitiers. Le Marquis est mort sans enfants. Le Comte qui était l'aîné, a laissé le jeune comte de Poitiers fils unique, bien fait de corps et d'esprit, doué de belles qualités, dont la principale sera toujours de se souvenir de la piété de ses illustres ancêtres.

Les historiens [23] ont beaucoup loué Othon de la Roche, comme on a déjà dit, ils représentent le seigneur Comtois, nouveau duc d'Athènes et de Thèbes, comme un héros. Montaner entre autres s'étend fort sur sa piété et sur sa valeur.

On a parlé plus haut du fils et de la fille d'Othon, dont la postérité a régné longtemps dans l'Orient.

Sur la Famille de Guillaume de Champlitte, Intime Ami d'Othon de la Roche, qui Furent les Deux Comtois, Conquérants de la Grèce, au Commencement du 13ᵉ Siècle.

f° 42

Guillaume de Champlitte, de la maison des comtes de Champagne, eut après la prise de Constantinople, la principauté de l'Achaïe et du Péloponnèse, laquelle il conquit et la laissa en mourant à Geoffroy de Villehardouin, son parent, neveu du maréchal de Champagne [24]. Il fit la conquête de la principauté, aidé de son ami

---

22. Titre ancien de l'abbaye de la Charité.
23. Günther [von Pairis], Historia Constantinopolitana. Baudoin d'Avernes, manuscrit Jérôme Turrita [Jerónimo Zurita], manuscrit Montaner.
24. Maimbourg, livre 8, en 1204.

Othon de la Roche, le secourant aussi à son tour pour la conquête d'Athènes et de Thèbes. Il contribua encore beaucoup à ce qu'Othon de la Roche eut, dans le partage des reliques, le Saint Suaire.

Guillaume de Champlitte était Comtois, quoique Champenois d'origine parce qu'il demeurait à Champlitte, comté dont sa mère Elizabeth de Bourgogne était héritière et où sa famille s'y est perpétuée ; car il est l'auteur et le chef de la maison de Pontaillie sur Saône [Pontailler-sur-Saône], comme marque Duchesne [25]. Geoffroy de Villehardouin dit qu'il eut le bras brisé d'un coup de pierre, au siège de Constantinople [26]. Ce qui ne l'empêcha point, dit cet auteur, d'y faire des prodiges de valeur.

Le Cardinal de Cîteaux [27], dans son histoire de Troyes, dit qu'Eudes II, seigneur de Champlitte, et Guillaume de Champlitte son frère, seigneur de Pontaillie, moururent en Grèce [28]. Eudes II était fils d'Eudes I, et Eudes I, d'Hugues comte de Troyes. Eudes I, comte de Troyes, épousa Elizabeth de Bourgogne, sœur de Renaud III, comte de Bourgogne. Elizabeth eut pour dot la terre de Quingey, et d'autres terres près de Dole. Eudes I, père de Guillaume de Champlitte, eut encore la seigneurie de Champlitte, en 1166, de l'empereur Frédéric Barberousse, et de Béatrice, comtesse de Bourgogne.

I° 43   La maison de Pontaillie, dont Guillaume de Champlitte a été l'illustre chef et l'auteur, finit en François de Pontaillie, baron de Vaugrenant, qui mourut en Savoie, en 1638, au mois d'août, sans enfant de Dorothée de Poitiers, sa femme.

Jean-Louis de Pontaillie n'en a point laissé non plus de Claudine de Villelume, veuve de Guillaume de Beaufremont, baron de Scey.

Claude-François de Pontaillie, de la branche Puisnée [Puînée], ne laissa qu'une fille qui fut mariée à Jean-Baptiste de Cléron, et qui est morte sans enfant.

6.3.3   3ᵉ Preuve. La Perpétuité de la Foi Catholique, et de la Discipline Ecclésiastique dans l'Église de Besançon

I° 44

Quand la tradition et l'histoire ne nous représenteraient pas sûrement la vérité du Saint Suaire, pourrait-on se persuader qu'une

---

25. Duchesne, En la maison de Vergy, livre 3, chap. 6.
26. Geoffroy de Villehardouin, pages 55 et 120.
27. Dans l'histoire de Troyes, chap. 7.
28. En terra Constantinopolitana.

église considérable comme celle de Besançon, une métropole célèbre comme celle-ci, qui a toujours tenu un des premiers rangs parmi les églises des Gaules, pour son antiquité, pour la grandeur de sa ville, pour l'étendue de son diocèse, pour la fermeté dans la Foi, pour son exactitude dans la discipline de l'Église, pour la sainteté de ses prélats, pour la science et la distinction de son clergé, pour le grand nombre d'abbayes et de maisons religieuses qui en dépendent, pourrait-on, dis-je, se persuader, qu'une telle église ait reçu le monument de la Passion du rédempteur sans connaissance de cause ? Qu'elle ait commencé à l'honorer, et l'ait proposée en vénération à une grande ville et à un grand diocèse sans discussion, sans examen, et sans être tout à fait certaine, autant qu'on le peut, et qu'on doit l'être, de la vérité de cette Relique ?

Comment s'imaginer que l'église de Besançon, qui a toujours été une des premières églises du monde chrétien, ait reçu ce sacré Suaire, qu'elle l'ait honoré avec tant de respect et de piété, qu'elle l'ait conservé avec tant de soins et d'attachement, qu'elle l'ait montré depuis tant de siècles, et à tant de peuples, avec les prières les plus solennelles, et les cérémonies les plus augustes, sans en connaître le prix, et sans savoir l'estime qu'elle en devait faire ? Comment oser dire que cette église ait donné dans une erreur si considérable ? Ces réflexions sont autant d'arguments très forts de la vérité du Saint Suaire. f° 45

Pour rendre ces raisons encore plus fortes, et plus sensibles, il faut ajouter ce qui est vrai, que l'église de Besançon, dès sa naissance, n'a jamais été dans les ténèbres, ni du schisme, ni de l'hérésie, ni dans les sombres brouillards d'une ignorance crasse pour commencer à révérer une Relique avec tant de religion, sans en avoir les assurances qu'un tel culte demande. Le prélat et le clergé qui la reçurent ne savaient-ils pas d'où elle était venue, et le respect qu'elle méritait, puisqu'ils l'honorèrent et la firent honorer aux autres ? Le prélat l'aurait-il souffert autrement ? Les illustres Chapitres de la ville, ne se seraient-ils pas récriés ? Quel bruit n'en aurait pas fait un clergé qui a toujours été nombreux, savant et éclairé ? Ce bruit ne serait-il pas venu jusqu'à nous ? De telles clameurs n'auraient-elles pas percé les siècles entiers ? N'en verrait-on pas quelques vestiges dans les vieux titres, et dans les anciens auteurs ? La postérité n'en aurait-elle pas été instruite, comme elle l'a été sur le Suaire de Lirey ? Les fidèles, et les habiles gens du pays auraient-ils permis qu'on lui déféra de tels honneurs ? Une grande ville est-elle dans l'aveuglement ? Une province entière se trompe-t-elle de la sorte ?

f° 46   Pour élever la force de cet argument, et pour le rendre encore plus solide que la critique ne puisse s'en jouer, comme elle fait d'ordinaire de ces preuves de morale qui sont la plupart négatives, il faut ici représenter ce qu'a été de tout temps l'église dont nous parlons.

L'église de Besançon est une église ancienne, éternellement et inviolablement attachée au Saint-Siège et à l'Église romaine. L'église de Besançon n'a jamais varié ni dans la Foi ni dans la discipline de l'Église. Ce qui est bien rare, et une grande distinction pour cette église ! Il faut conclure de là qu'elle a toujours eu un clergé savant pour se maintenir de la sorte durant tant de siècles ; ce clergé n'a donc pas été capable de tomber dans une erreur si grossière que celle de commencer à honorer cette Relique, comme il l'a fait sans connaissance de cause.

Osera-t-on dire, et pourquoi ne l'oserait-on pas, puisque c'est une vérité, qu'on ne connaît pas d'église particulière dans le monde chrétien qui ait mieux conservé la Foi catholique, que l'église de Besançon ? Dès son origine, qui remonte à l'apôtre saint Pierre qui l'a fondée comme l'on croit, lequel venant dans les Gaules par la Suisse, où il laissa Saint-Béat, passa à Besançon où il établit saint Lin, son disciple, qui a été le premier évêque de cette ville, et le second pape après saint Pierre.

L'église de Besançon a toujours considéré ce second pape comme son fondateur et son premier évêque, elle en a fait de tout temps la fête et l'office. Elle montre encore une chapelle dans la métropole, où il a, dit-on, baptisé. L'église souterraine de saint Désiré de Lons-le-Saunier, et la fontaine appelée de Rome qui est proche de cette église où saint Lin a baptisé, dit-on, en s'en retournant à Rome, sont encore des preuves de convenance, puisque la tradition de Lons-le-Saunier réclame saint Lin sur ces deux chefs.

f° 47   Si saint Irénée envoya de Lyon saint Ferréol et saint Fériu à Besançon, c'était pour y affermir la Foi, que saint Lin y avait plantée et pour y rallumer la piété des fidèles.

Il est vrai qu'on n'a point une suite certaine des évêques de Besançon depuis saint Lin, jusqu'au milieu du troisième siècle, mais c'est une lacune commune aux premières églises des Gaules, sans qu'on puisse pour ce sujet entrer dans le sentiment de Sévère Sulpice et de Grégoire de Tours que la religion chrétienne n'a été établie dans les Gaules qu'au troisième siècle, puisque la tradition, non seulement de Besançon, mais celle de toutes les grandes églises de France, y est contraire et que tant d'auteurs ont démontré la fausseté de cette opinion.

Quoi qu'il en soit de ces traditions obscures de saint Pierre et de saint Lin, il est toujours certain que l'église de Besançon n'a jamais varié, ni dans la Foi ni sur l'essentiel de la discipline de l'Église, dès le commencement de la religion chrétienne dans les Gaules, et dès les premiers temps du Christianisme. Où est l'auteur qui n'a jamais rien écrit de contraire à ces deux vérités ? Où est l'histoire qui n'a jamais blâmé cette église sur ces deux points ? Où est l'ami et l'ennemi, le savant et l'ignorant, le critique et le téméraire, l'hérétique et l'impie, qui puisse nous en apprendre quelques nouvelles ? Il y a plus : jamais un évêque de Besançon n'a même été soupçonné de nouveautés, ce qui est admirable, ils ont tous conservé le dépôt de la Foi dans son intégrité.

Aussi, on n'a jamais tenu concile à Besançon, parce que cette église toujours fermée dans la Foi n'en a jamais eu besoin. Jamais une assemblée d'évêques à Besançon pour y rétablir la discipline, ou pour y juger les évêques et les convaincre de révolte contre les souverains, ce qui était si fréquent dans le Royaume sous la seconde race de nos rois, lorsque les évêques étaient si puissants et si autorisés.

Jamais le moindre bruit en Franche-Comté sur la religion, pendant dix-sept siècles. La Providence a toujours veillé sur ce grand diocèse d'une manière spéciale ; la main de Dieu l'a toujours soutenu. La mère de Dieu à laquelle il est dévoué par un vœu solennel l'a toujours favorisé d'une protection singulière. f° 48

Pour convaincre tout le monde de la perpétuité de la Foi dans l'église de Besançon, on nous permettra bien ici de représenter cette église sans schisme et sans hérésie.

Non, jamais schisme dans l'église de Besançon, pas même lorsque l'empereur Frédéric, dit Barberousse, y faisait sa demeure et qu'il y tenait sa cour, et qu'il en chassa les cardinaux légats du Saint-Siège. Le clergé fit des prodiges en cette occasion, ce qui surprit cet empereur, et l'engagea à faire la paix avec le souverain pontife.

Non, jamais schisme dans l'église de Besançon ; pas même pendant tout le longtemps des investitures où les empereurs ont fait des antipapes, où ils ont entraîné tant de pays, de villes et d'évêques dans leur partie ; quoique le comté de Bourgogne fut alors attaché à l'Empire et dépendant, son attachement pour le Saint-Siège a toujours prévalu. C'est aussi un pape du comté qui a fait finir le schisme et qui a pacifié tout ce grand différend.

Dans le grand schisme d'Occident, l'archevêque de Besançon [29] agit fortement dans le concile de Constance pour rendre la paix à l'Église. Ce prélat de grande autorité étant arrivé à Constance avant le pape Jean XXIII [Antipape Jean XXIII, 1360–1419], il le fit prier de lui conserver le privilège de son siège. Le pape se leva de son trône, et il vint trois pas à sa rencontre, pour le recevoir. Le pape, surpris d'une telle demande, avant de la lui accorder, la fit examiner par les cardinaux de Plaisance et d'Aquilée.

I° 49   Jean de Fruyno de Poligni [Johannes de Fruyno de Poligny, Jean de Fruy de Poligni] ayant été élu archevêque de Besançon-Tournai, en 1437, et par malheur pour lui, ayant été approuvé par le concile de Balle, ce concile révoqué et cassé par Eugène IV, s'étant porté au schisme en élisant Félix V pour pape. L'église de Besançon inviolablement attachée au Saint-Siège ne pouvant adhérer au schisme et voulant contenter le pape Eugène IV, engagea Jean de Fruyno à céder son siège, à François Condelmes, neveu d'Eugène IV, cardinal de Sainte-Cécile. Ce Cardinal remit ensuite l'archevêché de Besançon à Jean de Gorry.

Autre exemple de l'attachement éternel de l'église de Besançon au Saint-Siège et à l'Église romaine : Claude de la Beaume, archevêque de Besançon et cardinal, publia en 1471 à Besançon et dans tout le diocèse, le concile de Trente, sans les modifications que le département de Dole voulait y apposer ; comme les députés du Parlement le pressaient sur cela, il leur fit une réponse qui devrait être écrite dans l'histoire de l'Église en caractères d'or ; que l'église de Besançon étant inviolablement attachée au Saint-Siège et à l'Église romaine, il ne pouvait faire ce qu'ils lui demandaient puisque le Pape ne le voulait pas.

Jamais cette église n'a souffert la moindre éclipse dans la Foi, qu'il nous soit permis de le répéter, ni jamais schisme, ni jamais hérésie n'ont pu s'y établir.

L'univers étant devenu arien, saint Germain, évêque de Besançon, affermit si bien son troupeau par ce sang qu'il répandit pour la Foi, que l'arianisme ne put faire nul progrès en cette province.

---

29. Thibaud de Rougemont, en 1414.

Les rois Bourguignons, Vandales ariens, ont fait changer de nom et de face à cette province, ces princes n'ont jamais pu cependant lui faire changer de religion. Bien loin que les peuples affermis par le sang de saint Antide, se soient laissés pervertir, ils ont à la fin converti leurs conquérants en la personne de saint Sigismond.

Le Luthéranisme a fait des progrès immenses dans l'Europe ; il a perverti les états et les royaumes, il a empoisonné toutes les provinces voisines du comté ; il en tient encore les frontières ; il n'a jamais pu cependant y entrer.

Le Calvinisme, qui a pris naissance à la porte, qui a fait tant de ravage dans l'Église, qui a désolé les environs de cette province, n'a jamais pu cependant se glisser dans ce grand diocèse, bien loin de s'y établir.

L'église de Besançon a essuyé tous ces orages, qui ont ébranlé le monde chrétien. Elle a été immobile au milieu de ces tempêtes qui ont rempli l'Occident de tonnerres, de feux et d'éclairs ; elle a toujours tenu ferme à la chaire de saint Pierre. Après dix-sept siècles de révolution et de changement, elle est la même qu'elle a commencée. Jamais l'hérésie n'a pu y prendre pied ; et lorsque l'hérésie a tenté de surprendre Besançon, elle y a été surprise elle-même, et l'on y en rend tous les ans des actions de grâces publiques et solennelles à Dieu.

Conclusion

Est-il à croire à présent, qu'une église qui a résisté à toutes les erreurs, qui ne s'est jamais laissée surprendre ni au schisme, ni à l'hérésie, n'ait pas été une église éclairée, et toujours distinguée par le grand nombre de savants ecclésiastiques, qu'elle a portés dans les siècles mêmes les plus ignorants, qui l'ont toujours maintenue dans la Foi et dans le bel ordre de la discipline ? Or, si cette église s'est toujours ainsi soutenue par la science, par la vertu, par la prudence, et par la sage conduite ; comment croire qu'elle ait commencé à honorer le Saint Suaire, sans s'assurer de la vérité de cette Relique ? Cela ne se peut ni croire ni penser. Une telle erreur n'aurait jamais pu s'établir dans une telle église.

Si donc cette église a reçu le Saint Suaire et la fait révérer de tout temps, comme il est de notoriété, cela a été avec connaissance de cause, et en approfondissant la vérité de cette Relique. La Relique est donc véritable, et le vrai Linceul dans lequel le sacré Corps de Jésus-Christ a été enseveli.

6.3.4   4ᵉ Preuve. L'Authenticité du Saint Suaire

I° 51

S'il est vrai dans la morale que personne ne peut tromper tout le monde, il est bien plus certain dans la religion. Parce que la main de Dieu qui a établi la religion, la soutient, et la Providence y veille toujours. C'est là où il n'y a que la Vérité qui puisse se soutenir longtemps. L'erreur se dément toujours de quelque endroit comme il est écrit, et le mensonge paraît tôt ou tard, de quelque manière qu'il soit couvert.

Sur ce principe, il est bien permis de douter de quelques petites reliques qui sont inconnues, et dans l'obscurité de quelques églises de village dont on n'a point de mémoires, qu'on expose rarement en public, qu'on n'a jamais examinées, dont on n'a fait aucune recherche, dont on ne parle point, et sur lesquelles on n'a jamais rien écrit.

Mais peut-on prudemment douter de la vérité du saint Suaire de Besançon, qu'on a toujours exposé depuis tant de siècles, et toujours montré deux fois l'année, à un peuple infini, qui accourt de toutes parts pour le voir ; que l'on montre avec tant de respect, de prières et de cérémonies ; que l'on conserve avec tant de soins et de vénération, et qui est le riche dépôt d'une ville qui en fait sa joie et son bonheur et pour lequel elle a tant de religion et d'attachement ?

Mais peut-on prudemment douter d'une relique dont l'église de Besançon fait la fête tous les ans le onzième de juillet, et une fête

I° 52   chômée, avec un office solennel de temps immémorial ? Ce n'est pas assez, elle propose l'image de ce Suaire en vénération à tous les fidèles, elle l'a répandue par tout le monde chrétien. Elle la met à la fête de son bréviaire, de son catéchisme et de tous ses livres de piété. Elle l'a fait graver sur l'or, sur l'argent, sur la soie, en broderie, et de toutes les manières. Elle l'a fait paraître sur ses autels, et sur les frontispices de ses églises comme la marque, son sceau, son caractère et ses armes, ce qui la distingue d'abord des autres églises.

Peut-on prudemment douter de ce sacré Suaire que tant de Saints canonisés ont révéré avec le plus profond respect, au pied duquel ils ont prié si souvent et si longtemps ? Que tant d'illustres personnages éminents en vertu, en science, en dignité— cardinaux, prélats, abbés, docteurs —ont baisé et honoré avec tant d'humilité et de religion ?

Devant lequel les empereurs et les plus grands rois du monde se sont prosternés ? Une foule de princes et de souverains, de reines et de princesses se sont humiliés, qui l'ont voulu considérer en particulier longtemps et de près pour contenter leur piété, et qui lui ont fait de si riches présents ? Que tous les grands qui passent à Besançon veulent voir par piété ou par curiosité ? Que toutes les provinces voisines viennent en foule pour l'honorer lorsqu'on le montre en public ?

Est-il permis de douter d'une relique authentique comme celle-ci qu'une partie du monde chrétien a vue, et dont tout le monde chrétien a ouï parler ; dont tant d'auteurs ont écrit, et qui est connue de tous les savants ? Que le temps qui ronge tout n'a pu tant soit peu altérer, ni effacer ? Que les injures de l'air n'ont encore pu un tant soit peu ternir, bien loin de l'user ? Que les éléments ont respectée dans la suite de tant de siècles ?

Que les incendies, et tant d'accidents qui sont arrivés où elle était gardée n'ont pu ni gâter ni détruire ? Que les longues guerres du quinzième et du dix-septième siècles, qui ont désolé le Comté, pendant lesquelles elle a été si longtemps cachée, n'ont pu faire perdre ? Que tant d'amis et d'ennemis n'ont pu enlever ?

I° 53

Serait-il enfin permis de douter de la vérité d'une relique, où la critique la plus maligne n'a pu avancer ; que l'irréligion n'a pu démentir ; que la corruption des moeurs n'a pu obscurcir ; que l'hérésie ne peut nier, quoiqu'elle lui refuse le lustre qui lui est dû, et que l'impiété est obligée de révérer malgré elle ?

Après une telle authenticité, peut-on révoquer en doute la vérité d'une telle Relique, peut-on même en former le soupçon ? Peut-on sans impiété, contester une vérité si bien établie ?

Si donc personne, ni dans la morale ni dans la religion, n'a jamais pu tromper tout le monde, personne ne peut donc se tromper en croyant et en honorant le saint Suaire de Besançon, puisque tout le monde l'a toujours cru véritable et l'a toujours honoré, hors de deux hommes, Calvin et Baillet dont le seul nom est la réfutation.

6.3.5 5e Preuve. La Conformité de ce Suaire

I° 54

La conformité de ce Suaire avec tout ce que les prophètes, l'Évangile, les Saints-Pères, et les docteurs de l'Église nous ont représenté de la personne de Jésus-Christ

Le seul aspect de ce Suaire est une autre preuve de sa vérité.

Comme sa seule vue touche d'abord le coeur, et le porte à Dieu. Le seul regard frappe d'abord l'esprit, et le persuade.

Ces grands effets ne peuvent venir que de la vérité, et non point des préjugés que l'on peut avoir en sa faveur. La prévention n'a pas tant de force, elle ne peut aller si loin ni pendant si longtemps.

Ces effets surprenants viennent encore de la conformité de ce Suaire avec la personne de Jésus-Christ sur ce que les prophètes en ont représenté ; que l'Évangile en a marqué ; que les Saints-Pères en ont écrit ; que les docteurs de l'Église et les grands auteurs nous en ont appris. Pourquoi cela ? Parce que le seul aspect de ce Suaire nous remet tout cela, et tout à coup devant les yeux ; ainsi sa seule vue est une preuve de la vérité ; sa seule vue nous représentant d'abord la conformité de ce que nous en savions, avec ce que nous en voyons.

I° 55　Cela est si vrai qu'on n'a point encore vu de savant qui l'ait considéré avec attention, qui n'en ait été pleinement satisfait, et qui n'ait avoué qu'il revient parfaitement à ce que l'Écriture nous en apprend, et à ce que les Saints-Pères nous en ont transmis. Ils ajoutent, ce qui est encore vrai, que cette conformité passe toute l'industrie et toute la capacité de l'esprit humain.

Pour reconnaître encore mieux cette conformité et rendre cette preuve plus sensible, il faut ici représenter ce suaire comme il est. La peinture qu'on en va faire au juste satisfera d'ailleurs ceux qui ne l'ont pas vu, et qui ne peuvent pas le voir, Jésus-Christ ayant voulu laisser en ce suaire non seulement les monuments de la Passion, mais encore son image et son véritable portrait afin que tous les temps reconnussent comme il était fait.

La Peinture du Saint Suaire

On voit en ce suaire l'âge d'un homme parfait, tel que l'histoire de Jésus-Christ nous le dépeint, de 33 ans environ. Un homme grand, et bien fait de sa personne. On y entrevoit même une beauté extraordinaire, tout défiguré qu'il fut après la mort par tant de plaies et de tourments. La tête grosse, le front grand, le visage un peu long, le nez proportionné, les joues ni pleines ni vides, la bouche petite, les yeux presque éteints, les cheveux blonds (on en reconnaît un peu la couleur), la barbe un peu fendue, apparemment de la beauté de ce temps-là. La complexion paraît délicate. Au reste, d'un air si grand, si majestueux et si doux, qu'on ne peut se défendre d'admirer et d'aimer en même temps celui qu'il représente.

Voilà justement comme les prophètes, l'Évangile, les Saints-Pères, les docteurs de l'Église, et les grands auteurs nous ont représenté la personne du Rédempteur des hommes.

Pour contenter tout à fait la sainte curiosité de ceux qui ont de la religion, et qui goûtent la piété, il faut ajouter ici la description du Saint Suaire que l'on envoya à l'empereur Ferdinand III [1608–1657] qui l'avait demandé. La voici comme on la conserve à Besançon.

Description de la Forme du Saint Suaire de Besançon

La longueur du linge est de sept pieds, huit pouces, de la toile de Besançon, à douze pouces le pied.

La largeur du linge, trois pieds et dix pouces. La longueur du corps, six pieds, quatre pouces, et demi. À chaque bout du Suaire, il y a huit pouces, dès le bord du linge jusqu'à la figure. Les huit pouces n'y sont pas tout à fait.

La tête est de dix pouces de longueur, prenant dès le dessus des cheveux, jusqu'au bas de la barbe.

La largeur de la tête (y compris les cheveux) qui est à l'endroit des yeux, et qui est l'endroit le plus large, a sept pouces. La largeur des épaules est de quatorze pouces et demi.

La largeur du corps de huit pouces.

La largeur du bras, dès le dessus de l'épaule jusqu'au coude, deux pouces moins deux lignes.

La largeur du bras, dès le coude jusqu'à la main, deux pouces. Les bras sont ombragés, et le plus obscur est au-dehors.

Dès l'épaule jusqu'au coude, il y a seize pouces, et quinze dès le coude jusqu'au bout de la main. Un peu moins du côté gauche, à cause de la main droite qui passe par dessus la gauche.

Entre le bras et le corps, il y a de l'espace vide d'un pouce de large.

Dès la barbe jusqu'à la plaie du côté, il y a dix pouces.

Dès le bas de la barbe jusqu'à la pointe du corps, proche de la croisée des bras, il y a vingt pouces.

Entre la pointe et la croisée des bras, il y a un intervalle blanc d'un pouce.

La croisée, dès le bas de l'intervalle jusque proche des mains, quatre pouces et demi.

Les mains, dès le bas de la croisée, ont environ trois pouces et demi de longueur en descendant.

Dès le bas des mains jusqu'aux cou-de-pieds [cheville], il y a deux pieds cinq pouces. Le pied est long de huit pouces. Dès le cou-de-pieds jusqu'à l'extrémité des gros doigts, cinq pouces et demi.

Chaque pied, dès le gros doigt jusqu'au petit, a quatre pouces et trois quart de largeur.

Il y a un intervalle blanc entre les deux pieds, de quatre pouces et trois quarts.

L'intervalle blanc, où finit la jambe, est de deux pouces et un tiers de largeur. La même largeur d'intervalle blanc règne entre les deux jambes et les deux cuisses.

Les deux cuisses, à l'endroit des mains croisées (qui couvrent la nature) ont quatre pouces et demi de large chacune.

Au bas des mains, chacune quatre pouces.

Dès là, il va en diminuant et n'a environ que trois pouces jusqu'aux pieds.

f° 58   La plaie du côté a deux pouces de largeur, et de longueur deux pouces et demie. Elle est fort rouge et du côté droit. Toutes les côtes paraissent. La première est plus haute que la plaie, et la seconde aussi. La troisième côte est justement à la plaie, elle la touche. Les autres suivent le contrebas. Les sept côtes paraissent tant sur le corps que sur le blanc, qui est entre le corps et le bras ; de l'autre côté, il n'y paraît que six côtes.

La plaie du côté est quasi au milieu du corps, au pouce près, un peu moins. Elle est fort rouge du côté des côtes, un peu pâle au milieu, et plus pâle en bas, en façon de flamme mourante.

La plaie de la main droite est plus longue que large ; elle descend plus bas que celle de la main gauche, d'autant que le dessus de la droite prend justement au bas de la gauche.

La plaie de la main gauche est plus grosse de trois quarts de pouce que la plaie de la main droite.

Les plaies des mains sont fort rouges, et sont seulement à moitié des plaies des pieds.

La plaie du pied droit est comme carrée, aussi bien que celle du pied gauche ; mais la plaie du pied gauche est plus grande, près d'un quart que celle du pied droit, ce qui est bien à remarquer, les deux plaies sont fort rouges comme d'une flamme vive et ardente.

Il paraît sur le front comme des pointes d'épines.

Dès l'endroit de la marque des yeux, et du milieu des yeux jusqu'au bas du nez, il y a deux pouces et quart.

Dès le bas du nez jusqu'à la bouche, il y a un pouce. I° 59

Dès la bouche jusqu'à la barbe, il y a un pouce et un huitième de pouce.

Dès le dessus de la barbe jusqu'au bas, et à l'extrémité des fourchues (pour me servir de ce terme), il y a un pouce et demi.

La face à l'endroit des yeux a cinq pouces de largeur, sans comprendre les cheveux.

Les yeux ont chacun un pouce et quart de largeur, et entre-deux, il y a un pouce et quart ; de ça et delà, un demi-pouce entre l'oeil et les cheveux.

Le nez a un pouce et un tiers de large.

La bouche a un pouce et trois quarts de large.

Les cheveux descendent plus bas que la barbe d'un pouce environ ; ils paraissent un peu resquillés et mis par boucles, surtout du côté droit en dehors, et du côté gauche en dedans.

On ne peut se lasser de voir ce suaire et de l'étudier ; plus on le considère, plus on veut le considérer, et plus on y est attaché.

Il y a un je-ne-sais-quoi de Divin qui brille, qui touche, qui frappe, et qui persuade d'abord. Mais la parfaite conformité avec la personne du Sauveur sera toujours un argument d'un grand poids, et une preuve très forte de la vérité de cette Relique.

Le pape Urbain VIII ayant appris que l'empereur Ferdinand III I° 60
avait demandé à la ville de Besançon une image du Saint Suaire avec toutes ses dimensions, en demanda une semblable pour lui à l'archevêque Ferdinand de Rye. L'Archevêque lui en envoya une semblable à celle qu'on avait envoyée à l'Empereur. Ainsi, on les conserve à présent à Rome et à Vienne, comme on fait à Besançon.

6.3.6 6ᵉ Preuve. L'Intégrité de ce Suaire

La vivacité des cinq plaies qui sont au Saint Suaire, avec l'intégrité de ce Suaire, qui ne s'use point depuis tant de siècles

Il n'y a ni main d'homme, ni couleur, ni artifice, qui puissent former la vivacité qui paraît dans les cinq plaies de ce Suaire, ni qui a pu la conserver pendant tant de siècles comme elle paraît à présent.

Le temps qui affaiblit tout, et qui dévore tout, aurait certainement effacé cette vivacité si ces plaies avaient été faites par l'industrie humaine, de quelque manière que cela se fût faite.

Que ces plaies sacrées se conservent ainsi par un miracle perma- I° 61
nent ou non, ce n'est pas à nous de le décider. On ne parle que du

fait qui est tel qu'on l'assure ici, sur lequel tout un monde rend témoignage, où il faut dire comme Moïse « testes invoco cælum et terram ». M. Chifflet marque dans son livre des Saints Suaires, imprimé il y a près d'un siècle, en 1624, que la vivacité des plaies du Suaire de Besançon était surprenante, et que tout le monde l'admirait [30].

Le fait étant incontestable, et de notoriété publique, on est aussi incontestablement convaincu par la raison que la couleur et la vivacité de ces plaies n'auraient jamais pu se conserver ainsi pendant tant de siècles comme on les voit à présent, si cela avait été fait de mains d'hommes, et que la Providence n'y tint pas elle-même la main.

De dire qu'on les retouche de temps en temps en secret pour les faire paraître de la sorte, ce n'est pas une objection à laquelle on doit répondre. L'artifice paraîtrait de toutes parts. On est convaincu du contraire en le voyant, en le considérant de près, et en le maniant. La fourberie serait d'ailleurs détestable, et se découvrirait tôt ou tard, car tout se sait à la fin. Toute une ville se récrierait, et tous les gens de bien en auraient horreur. Comment est-ce qu'on aurait pu cacher un tel attentat depuis si longtemps ? Comment est-ce qu'on pourrait le faire et en convenir, puisqu'il y a tant de clefs différentes, pour ouvrir ce sanctuaire, et tant de cérémonies à garder ? Le mensonge ne se soutient pas si longtemps, et un crime en fait de religion, comme celui-là, ne demeure pas secret pendant tant d'années.

I° 62   On a toujours vu de tout temps de père en fils ces sacrées Plaies de la même couleur de sang, mais d'un sang aussi rouge que s'il venait de couler, et de la même vivacité que si la plaie venait d'être faite, et qu'on vint d'y appliquer le linge dessus. Cette vivacité sera toujours une preuve sensible et une preuve éternelle de la vérité de ce Suaire.

L'intégrité du Saint Suaire

L'intégrité de ce Linge qui a déjà usé tant d'enveloppes sans s'user lui-même depuis tant de siècles, cette intégrité est une autre merveille que nos pères ont admirée et que nous admirons encore maintenant. Nos ancêtres ont laissé par écrit qu'ils n'y ont jamais

---

30. « Sudarii Bisuntini quinque vulnera, quorum lulentus est rubor », [Chi24, chap. 32, page 198].

vu ni remarqué le moindre changement ; nos pères nous l'ont dit ; et nous à présent, nous rendons le même témoignage à la vérité.

En quelque endroit et de quelque manière qu'on eût tenu ce Linge fermé, en quelques enveloppes qu'on l'eût mis, quelques soins qu'on en eût pris ; depuis qu'il est en cette ville, le temps l'aurait usé peu à peu. Où est le linge qui ne change de consistance après cinq cents ans ? L'air l'aurait à la fin noirci ; l'humidité l'aurait gâté ; la main des hommes l'aurait terni en le touchant, en le montrant, en le pliant et le repliant si souvent ; les vers l'auraient rongé ; les injures de l'air lui auraient fait au moins changer de couleur ; tant de changements qu'il en a fallu faire d'un lieu à un autre, pour le tenir caché pendant les guerres du quinzième et du dix-septième siècles l'auraient détruit ; tant d'accidents qui sont arrivés à l'église Saint-Étienne, où il a reposé si longtemps l'auraient perdu. Le lent transport de Constantinople à Besançon par mer et par terre. (Car on l'envoya par Venise et par l'Italie) Ce transport d'une contrée si éloignée l'aurait déjà fort altéré. Mais rien de tout cela. f° 63

Si l'on remonte à présent jusqu'à la mort du Rédempteur, et qu'on parcourt tant de siècles, pourra-t-on ne pas admirer l'intégrité de ce Suaire, qui n'a pas encore reçu la moindre atteinte du temps, et qui est dans le même état où il était quand on l'apporta ?

Si cette merveille qui est éternelle, continuelle et sensible n'est pas aussi une preuve sensible de la vérité de ce Suaire, on ne voit pas quelle plus forte preuve la Providence pourrait nous en donner ; puisque celle-ci dure depuis tant de siècles, et qu'elle est d'une consistance au-dessus des lois de la nature, dont tout le monde est surpris. Car enfin, ce Suaire n'est ni usé, ni rongé, ni déchiré, ni rompu, ni noirci, ni terni, ni obscurci, ni effacé en rien. Il est le même à présent qu'il a été il y a dix-sept siècles. Il est dans le même état qu'il était quand on l'apporta à Besançon, il y a plus de cinq cents ans. Jamais on y a remarqué la moindre altération ni la moindre va-riété.

6.3.7 7ᵉ Preuve. Ce Suaire est Unique au Monde

Le Suaire dans lequel on enveloppa le sacré Corps de Jésus-Christ après sa mort n'est en nul endroit du monde, s'il n'est à Besançon

Le Suaire qu'on mit sur le corps de Jésus-Christ par devant ne se retrouve en nul endroit du monde qu'à Besançon. Qu'on nous dise où est son semblable pour contester celui-ci.

I° 64 Tous les autres suaires dont on parle, dont l'histoire de l'Église et les auteurs font mention, sont ceux dont on enveloppa la tête du Sauveur, selon la coutume des Juifs, comme celui de Compiègne dont parle M. Chifflet [Chi24, chap. 26, page 151] . Ou ceux qu'on mit dessous le corps, et au dos, comme celui de Turin, qui était encore replié, dit-on, par-dessus celui qui était sur la face et devant. Ou ce sont les bandes que saint Jean appelle « linteamina »[31] dont on enveloppa encore tout le corps, dès la tête jusqu'aux pieds pour serrer ainsi tout le Linceul ensemble, selon la manière des Juifs quand ils ensevelissaient les morts ; comme M. Chifflet la représenté dans son livre des Saints Suaires [Chi24, chap. 8, page 47]. Mais pour le Suaire qui couvrait la face, et qui était sur le devant tout le long du corps ; celui de Besançon est le seul et l'unique qu'on connaisse dans le monde. Il n'est nulle part ailleurs, c'est donc le véritable. Le principe étant certain, la conséquence l'est aussi.

Est-il à croire que la Divine Providence ait laissé périr le véritable, si celui-ci ne l'était pas ; ou qu'elle le laisse caché et inconnu dans les terres des Infidèles, sans culte et sans honneur ?

Il est de la Providence de conserver ces rares et sacrés Monuments, et de les faire honorer jusqu'à la consommation des siècles. Il était par conséquent de la même Providence, pour cette raison, de les placer dans des lieux d'assurance et de les remettre à des villes qui conserveraient la Foi catholique jusqu'à la fin des temps, comme il est à espérer et à attendre d'une ville comme celle-ci, qui l'a conservée dès la naissance du christianisme, sans n'avoir jamais eu le malheur de voir cette divine lumière un tant soit peu obscurcie sur son horizon.

6.3.8   8ᵉ Preuve. Les Miracles que Dieu a Opérés par le Saint Suaire

I° 65 Puisque la téméraire critique ne peut souffrir qu'on parle de miracles pour prouver la vérité de cette Relique, et que ces prétendus esprits forts nous regarderaient comme des esprits faibles si l'on se servait de cette preuve, on ne représentera donc point les miracles que Dieu a faits en faveur de ce Suaire pour confirmer la vérité ;

---
31. Jean, 20:6.

quoiqu'ils soient si authentiques que les villes et les provinces entières rendent ici témoignage, et qu'une foule de témoins qui sont cités dans les procès-verbaux qu'on en a faits aient déposé par serment qu'ils ont attesté la pure vérité.

On renvoie donc ces critiques aux auteurs qui en ont écrit et qui en ont fait des livres entiers, surtout au savant et célèbre M. Chifflet [Chi24, chap. 11–15]. C'est là où ils verront la multitude des miracles du Saint Suaire, la grandeur de ces miracles, la diversité de ces miracles, la perpétuité de ces miracles, avec toutes les circonstances de ces miracles, qui sont autant de preuves qu'on peut appeler incontestables de la vérité de cette Relique. C'est là où ils trouveront la protestation que M. Chifflet a faite de ne rapporter que des miracles avérés et authentiques [32].

On veut seulement ici représenter aux chrétiens qui ont de la Foi et de la religion, des effets extraordinaires de cette Relique qu'on ne peut contester puisque ce sont des faits, et des faits reconnus de tout le monde, qui durent depuis si longtemps qu'on voit et qu'on ressent toujours.

Ces faits sont la surprise où l'on se trouve au premier aspect de cette Relique ; l'admiration où l'on entre, dont on ne peut se défendre, aussitôt qu'on y porte la vue ; non seulement la première fois qu'on la voit, mais toutes les fois qu'on la regarde de nouveau. Ce qui est encore plus admirable, c'est que plus on la considère et plus on l'étudie, plus on en est surpris, plus on en est frappé.

La sainte horreur que ce Suaire répand dans l'esprit, le respect qu'il imprime, la piété qu'il inspire, la vénération qu'il demande, sont d'autres faits qu'on ne peut non plus contester, et des effets que la raison et la prière reconnaissent extraordinaires, quoique la critique ne veuille pas s'y rendre, et que l'impiété fasse ses efforts pour les démentir.

On a cependant toujours remarqué que l'étonnement même des impies lorsqu'ils regardent ce Suaire, dément l'impiété même, et que la première vue jette ces impies dans le trouble et dans la frayeur. Il est peu de scélérats qui peuvent se soutenir en cette occasion. La contrition de tant de pécheurs, le changement subit de tant de débauchés, la conversion entière de tant d'âmes noires, la pénitence de tant d'énormes coupables que la seule vue de ce Suaire a opéré, et

---

32. « *Eaque solùm quæ indubitatæ sunt fidei, ne lapsu sæculorum consenescant, et ex hominum memoriâ obliterentur* » [Chi24, chap. 11, page 67]

I° 67 qu'elle opère toujours, sont des preuves évidentes de ce que l'on en dit.

On ne peut au fond disconvenir de cette vérité puisqu'elle est confirmée par l'expérience de tant d'hommes, et par le long cours de tant de siècles. Tous les spectateurs sont frappés à cette vue, chacun selon l'état intérieur où il se trouve, selon son désordre ou sa piété.

On ne peut appeler cette secrète impression que la vue de ce Suaire fait d'abord sur l'esprit et sur le coeur de ceux qui le regardent; on ne peut l'appeler ni prévention, ni préjugé, ni sentiment du commun, ni surabondance de dévotion, ni faiblesse de génie, ni erreur populaire; mais on doit l'appeler ce qu'elle est véritablement, une secrète impression d'En Haut; et l'on doit ici la représenter comme une vérité, sans s'exposer en pure perte à la dérision des incrédules; puisque cette impression ne peut absolument venir des préjugés quoiqu'on en dise. Car enfin, la vue de cette Relique ne manque jamais de surprendre l'esprit et de frapper le coeur; d'inspirer de l'étonnement, et de répandre de la dévotion. D'ailleurs, les scélérats et les impies qui en sont surpris eux-mêmes, n'ont point de ces sortes de préjugés, ils ressentent cependant cette impression d'En Haut, comme ils l'ont toujours avoué. C'est une grâce singulière attachée à la vue de ce monument éternel de la bonté infinie de l'homme Dieu, et de ce gage précieux de la rédemption du genre humain. Si Calvin et Baillet, qui ont écrit contre cette Relique l'avaient vue, ils seraient demeurés dans le silence.

Cette impression d'En Haut était bien plus forte autrefois qu'à présent; parce que la religion n'avait pas si fort baissé, et qu'il y avait plus de piété, qu'il n'y en a maintenant. Nos ancêtres ont raconté à nos pères ce qu'ils nous ont dit, et ce que les écrivains en ont marqué, que les peuples fondaient en larmes en le voyant.

I° 68 On ne pouvait regarder ce précieux gage de la rédemption des hommes, sans être vivement touché, on en était blessé jusqu'au coeur; l'esprit de Dieu tout puissant se faisait sentir alors par les marques les plus sensibles. Tout le monde mêlait les cris aux prières publiques que l'on faisait. Ce n'était plus qu'esprit de pénitence, de componction, de prières et d'actions de grâces au Rédempteur.

On ne voyait alors ce sacré Suaire qu'à genoux, on levait les mains au Ciel, on éclatait en gémissement. Les uns frappés tout à coup du spectacle demeuraient prosternés à terre sans voix. Les autres baissant les yeux, le visage contre terre, se jugeaient indignes de le voir davantage. Les autres faisaient des voeux avec des promesses solennelles de changer de vie. Les autres tournaient les yeux vers le Ciel en demandant du secours. Quelques-uns frappaient la terre de leur front ; d'autres se battaient la poitrine avec des soupirs qui semblaient leur arracher l'âme.

Les uns criaient miséricorde en détestant leurs péchés, et poussant du fond du coeur des rugissements de lion sur leurs désordres. Les autres faisaient tout haut la confession de leurs crimes ; les autres pleins d'espérance en demandaient le pardon ; les autres bénissaient le Seigneur avec actions de grâces.

Les énergumènes remplissaient tout de frayeur par leurs horribles hurlements. On n'entendait partout que des cris capables d'exciter à componction les pierres mêmes, si l'on peut parler de la sorte. Toute la ville était alors à genoux, en silence, et en prières, d'un bout de la cité à l'autre, dans toutes les rues et devant toutes les maisons.

Ajoutés à cela l'effusion des peuples qui y accourent de toutes parts pour le voir, aux jours marqués ; les prières qu'ils y faisaient et les voeux qu'ils lui adressaient ; les faveurs qu'ils en obtenaient. Ajoutés les bienfaits que la cité de Besançon en a reçus de tout temps ; les fléaux de la colère de Dieu dont elle a été délivrée en recourant à cette Relique ; les grâces qui ont coulé par ce canal sur le public et sur le particulier, sur le citoyen et sur l'étranger.

Tous ces effets sensibles de la Grâce ne peuvent venir que d'En Haut, et d'une véritable relique. Que de conversions n'a-t-elle pas opérées ? Que de joie intérieure n'a-t-elle pas donnée aux gens de bien ? Que de larmes de tendresse n'a-t-elle pas fait répandre aux fidèles ? Que de consolations n'a-t-elle pas causées aux personnes intérieures ? Que d'admirables effets n'a-t-elle pas produits ? Que de merveilles n'en marquent pas nos écrivains ? Que n'en a-t-on pas ouï raconté à nos pères ?

I° 69

Hélas ! à présent que les vérités éternelles sont si fort diminuées, on voit cette précieuse Relique debout ; on la considère en parlant sans piété ; on la regarde comme on regarderait une curiosité ; quoique l'impression d'En Haut se fasse toujours sentir, plus ou moins selon les dispositions intérieures où l'on est. Il ne faut pas s'étonner si le Rédempteur en a ôté la vue et l'a fait cacher à l'occasion de la guerre. Dieu veuille qu'on la revoie bientôt, et que la paix nous procure un si grand bonheur.

Si toutes ces preuves ne suffisent pas pour désarmer l'impiété toujours injurieuse en fait de religion pour convaincre l'hérésie toujours obstinée contre le respect dû aux reliques, pour arrêter la témérité de la critique toujours indocile pour les choses saintes les mieux établies ; ces preuves satisferont toujours un esprit qui a de la Foi, qui ne cherche pas à douter, et qui fera attention à tout ce qu'on a représenté sur la vérité de ce sacré Suaire.

Section 6.4

II Partie de la Dissertation, la Vérité du Saint Suaire de Besançon par la Solution des Objections

Les objections qu'on fait contre le saint Suaire de Besançon sont assez considérables pour qu'on soit obligé d'y répondre. Il faut donc satisfaire clairement à ces objections afin que la critique la plus indocile ne puisse avancer, et qu'elle soit forcée d'en demeurer à ces réponses.

6.4.1 1er Objection. Les Plaies au Milieu des Mains

Le saint Suaire de Turin qui est en grande vénération dans le monde a les plaies aux poignets, et non pas au milieu de la main comme celui de Besançon ; ce qui fait une différence essentielle entre les deux qu'on ne peut dissimuler. Il faut donc que l'un des deux ne soit pas véritable.

Réponse

Il est vrai que le saint Suaire de Turin est en grande vénération dans l'Italie, et célèbre dans le monde.

Il est encore vrai que les trous des clous par lesquels Jésus-Christ fut attaché à la Croix (et par conséquent les plaies) sont aux poignets du Suaire de Turin et non pas à la paume de la main, comme ils sont au Suaire de Besançon ; ce qui met une différence si grande entre les deux qu'on se voit obligé d'approfondir cette objection, et de la résoudre en faveur de celui de Besançon, sans attaquer celui de Turin, et sans lui donner la moindre atteinte qu'autant que la vérité de celui de Besançon lui en donnera ; puisqu'on ne peut faire autrement. Car de supprimer une objection que personne n'ignore, et que tout le monde ferait toujours, si l'on n'y répondait point, ce serait condamner le Suaire de Besançon absolument et sans ressource.

Jésus-Christ fut cloué à la Croix, dans la paume de la main et non pas par le poignet. En voici les preuves pour conclure en faveur de celui de Besançon.

L'Évangile marque assez clairement, il me semble, que Jésus-Christ fut cloué par les mains et dans la paume de la main. Saint Luc dit que Jésus-Christ, pour prouver la résurrection aux apôtres, leur montra les plaies de ses pieds et de ses mains[33]. Or, la main n'est pas proprement le poignet.

Saint Jean[34] rapporte que saint Thomas protesta qu'il ne croirait jamais que Jésus-Christ fut ressuscité s'il ne voyait les plaies de ses mains et les trous que les clous y avaient faits. Saint Jean[35] ajoute que Jésus-Christ dit à saint Thomas, « voyez mes mains ».

Le prophète l'avait ainsi marqué[36] « Ils ont fouillé dans mes mains, ils les ont trouées ». C'est violenter l'Écriture, il me semble, et donner un sens forcé à ces passages que d'expliquer les mains par les poignets.

Mais ce qui semble décider entièrement la question, ce sont les paroles du prophète Zacharie[37] « que veulent dire ces plaies au milieu de vos mains ? ». Or, le poignet n'est pas au milieu de la main. L'Église a toujours entendu et expliqué ces paroles du prophète Zacharie, des plaies de Jésus-Christ, au sentiment d'une infinité d'auteurs, en particulier de Suárez [Francisco Suárez, 1548–1617][38] pour en citer quelques-uns. C'est le sens à la lettre de ce passage, selon tous les commentateurs.

La tradition a toujours représenté Jésus-Christ attaché à la Croix par les mains, et par le milieu des mains, et non pas par les poignets ; et cela de tout temps, et en tous lieux, dès les premiers siècles de l'Église, jusqu'à nos jours.

Les Saints-Pères n'ont jamais représenté Jésus-Christ crucifié d'autre manière ; ni jamais ils n'ont expliqué les passages de l'Écriture qu'on a rapportés plus haut que dans ce sens, comme on le voit dans leurs ouvrages. Tous les Saints-Pères sont de ce sentiment, qu'on nous en cite un seul qui soit contraire. La tradition est donc

---
33. *Ostendit eis manus et pedes* (Luc 24:40).
34. *Nisi videro in manibus eius figuram clavorum* (Jean 20:25).
35. *Vide manus meas* (Jean 20:27).
36. *Foderunt manus meas et pedes meos* (Psaume 21:17).
37. *Quid sunt plagæ istæ in medio manuum tuarum* (Zacharie 13:6).
38. Suárez, Tome 2, disp. 36, sect. 3.

ainsi constante et universelle pour la main, et non pas pour le poignet ; et tous les Saints-Pères sont ici d'accord.

L'Église nous a toujours représenté les plaies de Jésus-Christ à la main, dans la paume de la main, dans le dedans de la main, et non point aux poignets. C'est la manière dont elle fait peindre Jésus-Christ cloué à la Croix et ressuscité avec les plaies au milieu des mains. Tous les crucifix du monde prêchent cette vérité ; toutes les images de Jésus-Christ ressuscité le représentent de cette manière.

Pour mettre cette vérité dans tout son jour, on se servira ici de l'argument dont l'évêque de Tuy [39] se servit contre les Albigeois, qui niaient que Jésus-Christ eût le côté percé et ouvert sur la Croix. Cet auteur, après s'être servi de l'Écriture, de la tradition, des Saints-Pères et de l'autorité de l'Église (comme nous venons de faire) pour leur prouver le contraire ; cet auteur, dis-je, rapporte en preuve les stigmates de saint François d'Assise, et la plaie que ce saint avait au côté ; nous en faisons le même argument pour les mains.

Saint François d'Assise a été l'image vivante de Jésus-Christ crucifié ; il a reçu les sacrés Stigmates au côté, aux pieds, et aux mains, comme Jésus-Christ les a portés et dans les mêmes endroits. Or, saint François les porte au dedans de la main, au milieu de la main, non pas au poignet.

Où est l'homme qui puisse révoquer en doute que saint François I° 75 n'ait été marqué, comme Jésus-Christ l'était, et que le Séraphin qui lui imprima ces sacrées Plaies ne les imprima pas dans les endroits où Jésus-Christ les a portées, et les porte encore ?

Or les plaies, les stigmates de saint François sont à la main, au dedans de la main, au milieu, et dans la paume de la main, et nullement au poignet. Cela est de notoriété publique. Jamais l'Église n'a fait représenter ce saint patriarche d'autre manière. Jamais l'ordre de Saint-François ne l'a fait peindre que comme cela. Cet ordre a même fait ses armes, son sceau et son cachet des deux mains de saint François, passées en sautoir, et marquées de la sorte.

Saint Bonaventure, qui a écrit la vie de saint François d'Assise, et qui en a recherché jusqu'aux moindres particularités, dit que ce saint portait les glorieux stigmates à la main et au milieu de la main, et non pas au poignet. Saint Bonaventure représente ces plaies à la paume de la main d'une manière si précise, avec des termes si clairs,

---

39. Lucas Tudensis [Lucas de Tuy, †1249], *Episcopus Contra Albigenses*, livre 2, chap. 11.

qu'on ne peut point les faire porter aux poignets ni les y faire marquer[40], puisqu'il marque que les stigmates étaient au-dedans de la main, et dans l'intérieur de la main.

L'impiété et l'hérésie qui ne veulent rien croire, et la critique qui veut tout contester, diront-elles ici qu'on voudrait bien voir ces stigmates pour les croire, et que saint Bonaventure ne les a pas vus lui-même ? Il n'y a que l'impiété et l'hérésie de Bayle [Pierre Bayle, 1647–1706], et la critique audacieuse de Baillet, qui puissent parler de la sorte, depuis que l'Église catholique en fait la fête et l'office le 17 septembre par un ordre particulier du Saint-Siège, Benoît XI accorda cette fête à l'ordre de saint François, et Paul V l'a établie et ordonnée dans l'Église universelle.

Grégoire IX, qui a vu saint François d'Assise et qui l'a canonisé dans un rescrit donné à Viterbe en 1237, assure cette vérité à ne pouvoir être révoquée en doute[41].

Ce même Pape confirme encore la vérité des glorieux stigmates de saint François dans un autre décret donné encore à Viterbe, le second des calendes d'avril, la onzième année de son pontificat. Il dit là que saint François fut marqué aux mains, aux pieds, et au côté, comme Jésus-Christ.

Le même Grégoire IX, dans la bulle « *Seraphin volabant iuxta Prophetam* », anathématise tous ceux qui parleront en mal de ces stigmates. Le célèbre Baillet qui s'en moque[42], se trouve ici anathématisé.

Alexandre IV, qui a connu particulièrement saint François d'Assise, fit la constitution « *Benigna operatio* » en 1255, où il déclare qu'il a vu de ses propres yeux les stigmates de saint François, et qu'il les a touchés de ses mains.

Saint Bonaventure a marqué[43] dans la vie de saint François qu'il a ouï prêcher cette vérité au même Pape Alexandre IV, qui assura

---

40. « *Manus enim in ipso medio clavis confixæ videbantur, clavorum capitibus in interiori parte manuum apparentibus* ». Bonaventure, *De Stigmatibus Sacris*, livre 1, chap. 13.

41. « *Veritatem sacrorum S. Francisci stigmatum à se esse comprobatam, per testes omni exceptione majores* ». Théophile Raynaud, De Stigmastimo, section 1, chap. 11, page 196.

42. Baillet, Tome 3, dans « La vie de saint François d'Assise », 4 octobre, art. 14, page 220.

43. Saint Bonaventure, *In Vita Sancti Francisci*, chap. 13.

dans son sermon qu'il avait vu de ses yeux les stigmates de saint François.

Ce saint Docteur ajoute dans la même vie de saint François que plusieurs cardinaux les avaient vus ; que plus de cinquante frères les virent après la mort de saint François, que sainte Claire les vit avec toutes les soeurs, qu'une multitude infinie de peuples qui accourut à la mort de saint François de toutes parts les vit et les baisa.

I° 77

Le père Théophile Raynaud [1583–1663] qui a traité cette matière, conclut en disant qu'on ne peut nier la vérité des stigmates de saint François d'Assise sans une témérité horrible [44].

La vénérable mère d'Ágreda [María de Ágreda, 1602–1665] dans son histoire de la vie de la Sainte Vierge, représente Jésus-Christ cloué à la Croix par les mains, non pas par les poignets. Elle l'assure en termes clairs et précis. Ces termes sont à la marge pour prouver cette importante vérité par toutes sortes de témoignages [45].

Il faut conclure à présent sur toutes ces preuves en faveur du saint Suaire de Besançon.

6.4.2 2ᵉ Objection. Le Suaire sur la Face de Jésus-Christ

I° 78

La 2e objection est tirée de l'Évangile de Saint-Jean où il est écrit qu'on avait mis un suaire sur la face de Jésus-Christ qui enveloppait la tête [46]. On voit encore cela dans le même Évangile de Saint-Jean lorsqu'il parle de la résurrection de Lazare [47]. C'était la coutume des Juifs d'ensevelir ainsi les morts, et Jésus-Christ fut enseveli à la manière des Juifs, et selon leur coutume, comme dit encore saint Jean [48]. Or, s'il y avait un linge sur la face de Jésus-Christ qui enveloppa la tête, comment est-ce que le Suaire que l'on mit ensuite sur ce linge se trouverait aussi bien marqué pour le visage que le reste du corps, où il n'y avait ni linge ni toile dessous ? Cependant, la figure du visage de Jésus-Christ est aussi bien, et aussi vivement imprimée dans le

---

44. « *Contrarium piis Catholicis est usquequaque certum, ita ut sine horrenda temeritate revocari in dubium nequeat* », Théophile Raynaud, Tom. 13, *Philologica, De Stigmatismo Sacro et Prophano*, chap. 10, *Stigmata Sancti Francisci*, page 124.

45. « *Otro verdugo la clavò en èl, penetrando à martilladas la palma del señor con un clavo esquinado, y gruesso* ». María de Ágreda, Mystica Ciudad de Dios, partie 2, livre 6, chap. 22, n. 1384.

46. *sudarium quod fuerat super caput eius* (Jean 20:7).

47. *Et facies illius sudario erat ligata* (Jean 11:44).

48. *Acceperunt ergo corpus Jesu, et ligaverunt illud linteis cum aromatibus, sicut mos est Judæis sepelire* (Jean 19:40).

Suaire de Besançon que s'il n'y avait point eu d'autre linge dessous, comme si le Suaire avait été immédiatement sur la face, comme il était sur le reste du corps.

Réponse

I° 79 La réponse à cette objection, c'est que Joseph d'Arimathie et Nicodème, qui ensevelirent Jésus-Christ, mirent un linge fin, un linge clair, sur le visage du Sauveur ; un linge délié que des anciens auteurs grecs ont appelé pour ce sujet « un voile d'air ». Il ne faut donc pas s'étonner si la face du Rédempteur fut aussi vivement marquée dans le Suaire, qu'ils mirent ensuite sur ce linge fin, clair, et délié, que s'il n'y en avait point eu. Ces deux disciples étant riches et de qualité, ne manquèrent pas de mettre un linge fin, et délié sur le visage d'un maître pour lequel ils avaient tant d'estime et de vénération, qui avait paru en grand prophète, et qui avait fait tant de miracles. Le saint Suaire de Besançon est pour la même raison d'une toile fine et façonnée qui marque la vérité de la réponse qu'on fait à l'objection.

On fait encore ici trois objections qu'on ne doit pas omettre.

La première, qu'il n'y avait qu'un seul linge sur la face, et sur la tête, puisqu'on ne parle dans l'Évangile que d'un seul. On répond qu'il n'y en avait qu'un seul qui fut immédiatement sur la face, et qui enveloppa entièrement la tête, mais qu'il y en avait encore un autre par dessus la face qui allait ensuite jusqu'aux pieds, et qui était lié dès le haut jusqu'en bas par des bandes selon la coutume des Juifs, à peu près comme on emmaillote les enfants.

La deuxième, les bandes qui tenaient les Linceuls, et qui les serraient par tout le corps devraient paraître sur le Suaire au-dehors qui était plein d'aromates. On répond que les marques des bandes n'avaient dû paraître que sur le Linceul qui était derrière et au dos, parce qu'il était replié, comme l'on croit, sur celui qui était devant et qui était immédiatement sur le corps, qui est celui de Besançon.

I° 80 La troisième objection, que le visage du Rédempteur devrait paraître plus large sur le Suaire qu'il ne paraît, puisque ce Suaire couvrait tout le visage d'une oreille à l'autre. On répond que la figure est d'après nature et que l'image est ainsi dans la juste proportion.

6.4.3 3ᵉ Objection. Multiplicité des Suaires dans le Monde

Il y a plusieurs autres saints suaires dans le monde chrétien que l'on croit aussi vrais que celui de Besançon.

Réponse

On se servit de plusieurs Linceuls pour ensevelir le corps de Jésus-Christ, il y a donc plusieurs suaires aussi qui sont véritables et qui ont touché ce sacré Corps.

Le premier Suaire est le linge fin et délié dont on vient de parler qui enveloppait la tête et qui était immédiatement sur la face.

I° 81

Le second Suaire couvrait encore le visage, la poitrine, les mains croisées, les pieds, et tout le devant du corps. C'est celui de Besançon.

Le troisième Suaire était derrière et au dos en le repliant encore sur celui qui était devant. C'est, dit-on, celui de Turin.

Il y avait encore des bandes dont parle saint Jean [49] selon la coutume des Juifs qui liaient tous ces linges ensemble, qu'on peut appeler des suaires, et qui sont de présentes reliques.

Mais pour le Suaire qui était devant et sur tout le corps, dès le dessus de la tête jusqu'aux pieds, qui est la grande et la plus précieuse Relique, on n'en trouve point dans le monde que celui de Besançon. Qu'on nous dise où il y en a un semblable. La critique la plus téméraire n'en produira jamais un autre.

M. Chifflet parle du suaire de Compiègne [50], mais il croit sur le procès-verbal qu'il en rapporte lui-même tout au long que c'était un Linceul qui était autour des bandes, et qui enveloppait tous ceux dont nous venons de parler. Quoi qu'il en soit, on ne trouve au monde que le saint Suaire de Besançon qui porte la vraie image de Jésus-Christ et qui le représente d'après nature.

6.4.4 4ᵉ Objection. La Toile du Suaire de Besançon n'est pas Ancienne

I° 82

Le Suaire de Besançon est une petite vérité qui n'est pas d'un usage ancien ; c'est pour cela qu'il n'est ni usé ni effacé.

---

49. *Acceperunt ergo corpus Jesu, et ligaverunt illud linteis cum aromatibus, sicut mos est Judæis sepelire* (Jean 19:40).

50. *De linteis sepulchralibus Christi Servatoris crisis historica*, Chap. 26, page 150.

Réponse

En voyant de près ce Suaire, on reconnaît d'abord que ce n'est point une toile qu'on appelle « petite vérité », mais un linge qui n'est ni de nos temps, ni de nos pays, ni de nos fabriques, ni de nos usages. C'est une toile façonnée, une toile de lin, une toile d'Orient, bien différente de nos petites vérités. C'est un linge d'un ouvrage singulier. C'est la déposition uniforme des dames qui l'ont vu et considéré, et qui sont connaisseuses en matière de toile et de linge.

Cette toile est de lin, mais d'un lin tissé d'une manière singulière qu'on ne connaît point en Occident.

6.4.5 5ᵉ Objection. Le Suaire de Besançon est une Peinture

I° 83

Le Suaire de Besançon est une peinture faite de mains d'homme, et non pas une figure d'homme imprimée tout à coup sur un corps mort embaumé, tout déchiré de coups, et tout entrouvert de plaies, qu'on n'y a pas représentées ; mais on s'est contenté d'y faire paraître seulement les cinq grandes plaies du côté, des mains, et des pieds que Jésus-Christ a conservées.

Réponse

Si ce suaire n'était qu'une peinture faite de main d'homme, en quelque endroit qu'elle eut été faite, en Orient, ou en Occident, le temps l'aurait déjà beaucoup effacée, la peinture n'étant pas à l'épreuve de tant de siècles. La peinture aurait d'ailleurs raidi la toile, on ne pourrait la plier, la déplier, et la replier, comme l'on fait, sans le reconnaître, ni le sentir. On sentirait même cela en touchant ce suaire, en le maniant, et en l'étudiant de près ; les plis y demeureraient d'ailleurs, et y paraîtraient enfoncés s'il y avait de la peinture ; on ne voit cependant ni on ne sent rien de tout cela.

Mais on reconnaît, on voit, et on sent que la figure de Jésus-Christ imprimée sur ce linge est d'un baume mêlé de myrrhe et d'aloès,

I° 84 comme dit l'Évangile. Le Suaire de Besançon ne servit à ensevelir le corps qu'après que ce corps eut été lavé et embaumé ; car Jésus-Christ fut enseveli à la façon des Juifs, dit saint Jean, et selon leur coutume. Le corps fut donc lavé et embaumé, un voile à la tête, enveloppé de deux linceuls, et de bandes par dessus pour les lier et les serrer.

On reconnaît, on voit et l'on sent que cette figure de Jésus-Christ imprimée sur ce Suaire est vraiment de cette mixtion d'aromates ; on le reconnaît, dis-je, on le voit et on le sent par sa couleur, par son empreinte, par une sorte de lustre net, clair et uni tout ensemble, qui n'est nullement de peinture, et par la durée depuis tant de siècles sans la moindre altération.

Parce qu'il y avait force baume, et quantité d'aromates, environ cent livres dit saint Jean [51] quand on mit ce linge sur le sacré corps de Jésus-Christ, l'abondance du baume et la quantité de cette mixtion d'aromates couvrirent les petites plaies, et n'a laissé paraître que les cinq grandes.

Si les petites plaies paraissent de toutes parts dans le Suaire de Turin, c'est qu'on enveloppa le corps de Jésus-Christ dans celui-là, aussitôt qu'il fut descendu de la Croix, avant qu'il fut lavé et embaumé ; mais on ne le couvrit du Suaire de Besançon qu'après ; c'est pour cela que les petites plaies n'y paraissent point comme elles paraissent dans l'autre.

6.4.6 6ᵉ Objection. Les Inventaires ne Mentionnent pas le Suaire de Besançon

En 1253, on fit la réunion des deux églises de Saint-Étienne et de Saint-Jean de Besançon, et des deux Chapitres. On fit alors un inventaire général des reliques de ces deux églises, des ornements et des meubles communs aux deux Chapitres. On ne dit mot du Saint Suaire dans cet inventaire. On a encore cet inventaire entre les mains. Le Saint Suaire n'y est point marqué, preuve incontestable, dit-on, que le Saint Suaire n'était point encore à Besançon en ce temps-là, quoiqu'on ait dit dans la 2ᵉ preuve de l'Histoire, qu'il fut apporté à Besançon et donné à l'archevêque Amédé en 1206.

Réponse

Il est vrai qu'en 1253, le cardinal Hugues de Saint-Cher [†1263], Bourguignon de naissance, légat du Saint-Siège, envoyé à Besançon par Innocent IV, fit cette célèbre réunion des deux églises, et des deux Chapitres. Il est encore vrai qu'on fit alors un inventaire général des reliques des deux églises, et qu'on ne dit mot du Saint Suaire en

---

51. (Jean 19:39)

cet inventaire que l'on garde encore dans les archives de l'illustre Chapitre de la métropole qui sont dans l'Arc de triomphe, qu'on appelle « La Porte Noire », que la ville de Besançon éleva à l'honneur du Grand Constantin pour les victoires qu'il remporta sur les Allemands et sur Maxence, et que les Allemands abattirent en partie quand ils prirent cette ville et la renversèrent sous Constantin.

Mais c'est que le Saint Suaire était alors, en 1253, entre les mains de l'archevêque Guillaume II, et non pas des deux églises, ni des deux Chapitres.

Les prélats, qui étaient alors de petits souverains, entre autres Guillaume II, qui était un prince de famille impériale ; ces prélats ont conservé longtemps le Saint Suaire en leur pouvoir et entre leurs mains, jusqu'à ce que par les traités qui sont intervenus après l'union des deux églises et des deux Chapitres, ils ont remis, cette Relique au Chapitre métropolitain, qui en est à présent le dépositaire. Il n'était nullement de la prudence des prélats, de remettre cette Relique à un Chapitre plutôt qu'à l'autre, pendant leur division et le grand procès qui a duré si longtemps entre les deux églises que le cardinal Hugues de Saint-Cher termina heureusement.

Voilà la raison pour laquelle cette Relique ne se trouve point dans l'inventaire ; l'archevêque de Besançon étant en ce temps-là le seul qui conservait ce précieux dépôt et, comme dit un ancien titre, le seul gardien. Aussi bien, c'était à l'archevêque Amédé que Pontius [Ponce] de la Roche l'avait donné et l'avait remis, et non pas aux Chapitres.

I° 87   Si on n'en trouve pas à présent les titres dans les archives de l'archevêché, c'est que l'Archevêque, qui remit ensuite cette Relique au Chapitre, lui remit en même temps les titres qui furent brûlés dans l'incendie de l'église Saint-Étienne en 1349, comme on a dit dans l'Avertissement.

On montrait en ces temps-là le Saint Suaire plus souvent qu'on ne fait de nos jours. On ne le montre à présent que deux fois l'année, à Pâques et à l'Ascension. Mais alors on l'exposait le Jeudi et le Vendredi saints, et il demeurait exposé le jour et la nuit devant le grand autel. Les peuples passaient le jour et la nuit en prières devant la Relique.

6.4.7 7ᵉ Objection. Baronius et Sponde ne Mentionnent pas le Suaire de Besançon

Le cardinal Baronius [Caesar Baronius, 1538–1607] dans les annales de l'Église, et M. de Sponde [Henri de Sponde, 1568–1643] dans l'Abrégé des annales, n'ont point parlé du saint Suaire de Besançon lorsqu'ils ont traité des reliques de Jésus-Christ, ils ont seulement parlé du Suaire de Turin et du petit suaire qui enveloppait sa tête.

Réponse

Il est vrai que ces deux grands auteurs ont parlé des deux autres suaires[52], et n'ont rien dit de celui de Besançon.

Cette preuve négative n'a point ici de force ; parce que ces deux auteurs n'ont ni tout su, ni tout vu, ni tout examiné, ni tout approfondi. La critique de nos jours qui est tombée sur leurs ouvrages ne nous permet pas de douter de cette vérité.

Quoique le saint Suaire de Besançon soit aujourd'hui si célèbre dans le monde chrétien, ces deux auteurs n'en ont point eu de connaissance de leur temps ; ou s'ils en ont eu, ils n'en ont point voulu faire mention, ne l'ayant pas vu.

Il échappe toujours quelque chose aux plus savants historiens, surtout dans de grands ouvrages, comme sous les annales de l'Église, quand on écrit dans des pays éloignés, comme ceux-ci ont fait, et qu'on n'est pas à portée pour avoir les livres des écrivains d'un pays, qui parlent du même sujet dont il est question ; ou l'on n'a pas eu le temps de lire tous ces auteurs qui ont examiné ces matières sur les lieux, et qui les ont approfondies ; c'est là où un argument négatif ne conclut rien, surtout dans une occasion comme celle-ci où il n'est pas fort important à des auteurs d'en parler, et qui n'ont pas d'ailleurs entrepris de tout rechercher et de tout dire. Le silence de quelques auteurs ne peut être alors tiré à conséquence, et la preuve qu'on en prend n'a ni force ni autorité.

M. Chifflet veut que le vénérable Bède ait parlé du Suaire de Besançon lorsque ce Suaire était encore dans la Palestine ; mais qu'il en ait parlé ou non, peu importe, cela ne fait rien à notre sujet.

---

52. Baronius, ad annum, 34, n. 138. Sponde, ad annum, 34, n. 42.

6.4.8 8ᵉ Objection. Maimbourg ne Mentionne pas le Suaire de Besançon

I° 90

Le père Maimbourg [Louis Maimbourg, 1610–1686], dans son Histoire des croisades, n'a pas parlé du saint Suaire de Besançon, non plus que d'Othon de la Roche, duc d'Athènes et de Thèbes, qui eut cette précieuse Relique en partage, à la prise de Constantinople, en 1204. Ces deux choses étaient assez considérables dans l'histoire pour que l'historien en fît mention.

Réponse

Apparemment, cet historien des croisades n'a point eu de connaissance ni de l'un ni de l'autre ; ni d'Othon de la Roche ni du Saint Suaire que ce seigneur eut en partage à la prise de Constantinople ; ou s'il en a su quelque chose, il n'a pas voulu entrer dans un détail qui ne revient guère à une histoire générale.

Cet historien a longuement cru qu'il suffisait à son histoire de dire que les princes et les seigneurs croisés se partagèrent les reliques de Constantinople, en faisant seulement mention de celles de Paris et de quelques villes voisines, sans faire une liste ennuyante des autres, quand bien même il les aurait connues. En ajoutant ces paroles en habile homme [53] :

I° 91

« C'est de là que sont venues la plupart des reliques, qui sont dans l'église royale de Saint-Denis ... et pour ne pas faire une longue liste de celles que possèdent les églises de Soissons, de Troyes, de Beauvais, de Langres, de Chartres, de Laon, et de tant d'autres, comme il paraît par les titres de ces églises. »

Le détail en aurait été infini, il ne convenait nullement à un grand historien d'en dire davantage.

Cet historien n'a pas cru non plus qu'il fut obligé d'entrer dans le détail de la division des provinces de l'Empire grec ; il en a dit assez par ces paroles ... « Et l'on donna les principautés de plusieurs autres terres et grandes villes dans l'Europe et dans l'Asie aux plus considérables de l'armée. »

On ne doit pas faire une objection du silence de Maimbourg sur Othon de la Roche puisqu'il n'a pas dit un seul mot, dans la première croisade, d'Étienne premier comte de Bourgogne, qui se rendit à Jérusalem avec un grand corps d'armée, et l'élite de la noblesse

---

53. Maimbourg, livre 8.

Comtoise. Il n'a rien dit de ce prince, quoiqu'il se distingua si fort en cette guerre sainte après la prise de Jérusalem, et qu'il périt à la bataille de Joppe [Jaffa], que les sarrasins gagnèrent sur les chrétiens en 1102 [54]. Étienne demeura sur le champ de bataille avec le gros de la noblesse et de son armée. L'archevêque de Besançon, Hugues IV [55], y fut tué, qui avait accompagné son souverain. Ils sont enterrés tous les deux à Famagouste, en Chypre. Ces grands événements, ces marques d'une piété extraordinaire, et ces efforts de valeur d'un souverain, méritaient bien, il me semble, de trouver une petite place dans l'histoire des croisades. Mais c'est que cet historien Lorrain a trouvé à propos pour élever Godefroy de Bouillon, duc de Lorraine, et de laisser les autres princes dans l'oubli.

f° 92

Ce qui est de plus surprenant dans ce silence, c'est que Guillaume de Tyr [1130-1184], ancien historien des croisades [56], a fort loué ce comte de Bourgogne comme un prince d'une sagesse, d'une piété, d'une valeur et d'un mérite extraordinaires, qui a immolé ses biens, et ses états, sa personne et sa vie, pour la religion. L'historien nouveau trouve tout cela dans l'ancien, et il n'en dit pas un mot dans son histoire.

Ce silence attesté est une partialité qui ne fait pas honneur à un écrivain, d'autant plus qu'Étienne I dont il s'agit, était frère aîné de Gui de Bourgogne [1050-1124], qui fut pape, sous le nom de Calixte II [1119-1124].

Mais ce qui est encore de plus surprenant, c'est que Maimbourg a parlé de Guillaume de Champlitte, qui fut, dit-il, « prince de l'Achaïe et du Péloponnèse », sans parler d'Othon de la Roche, son intime ami, qui firent ensemble la conquête de leurs principautés et de la plus grande partie de la Grèce. Maimbourg parle de Guillaume de Champlitte encore une fois sans dire un petit mot d'Othon de la Roche, son ami, son compatriote, son compagnon de voyage, de croisade, de fortune et de conquête.

f° 93

Fera-t-on après cela une objection, de ce que cet historien n'a point parlé du saint Suaire de Besançon, ni de celui qui l'eut en partage à Constantinople, et qui l'envoya à son père en Franche-Comté ?

---

54. NdT : Le manuscrit semble indiquer 1101, mais la déroute de l'armée des croisés se produit plutôt en 1102.
55. NdT : Ce serait plutôt Hugues III, car Hugues IV meurt en 1109.
56. Guillaume de Tyr, livre 10, chap. 12 et 20.

Section 6.5

Conclusion

Après tant de preuves et d'arguments de la vérité du saint Suaire de Besançon ; après tant de difficultés qu'on a éclaircies, et tant d'objections auxquelles on a répondu ; pourra-t-on douter à présent du prix de cette Relique, et ne pas lui rendre le lustre qui lui est dû ?

CHAPITRE 7

Dissertation dans Laquelle on Prouve que le Saint Suaire de Besançon n'est pas Authentique

I° 94

Nicolas-Sylvestre Bergier (1718–1790)
ou
Jean-Baptiste Fleury (1698–1754)

C'est une question assez curieuse, mais presque inutile, et qu'il n'est pas facile de résoudre sans passer pour téméraire, de savoir si le saint suaire qu'on conserve si religieusement dans l'église métropolitaine de Besançon, n'est pas le véritable suaire où le saint Corps de Jésus-Christ fut enseveli. Au fond, quand ce ne le serait pas, c'est toujours une image touchante du Sauveur qui nous porte à honorer plusieurs de ses mystères. La fête qu'on en fait depuis près de quatre-vingts ans n'en serait donc pas moins sainte, et la religion des peuples sur ce point ne devrait pas plus être taxée de superstition que si on les voyait se prosterner devant l'image d'un Christ, ou devant une simple croix de bois qui représenterait celle où Jésus-Christ consomma son sacrifice. Cette réflexion m'autorise à dire librement ce que je pense sur ce sujet ; d'autant plus que tout homme sensé préfère sans regret et de bon cœur la vérité connue à un pieu préjugé qui n'a commencé que dans le seizième siècle et qui doit sa

I° 95

naissance à l'ignorance, et ses progrès à la crédulité et aux désirs des peuples. Mon sentiment est donc que ce n'est pas le véritable suaire de Jésus-Christ. Je vais en donner six preuves indépendantes l'une de l'autre et dont chacune en particulier doit convaincre tout esprit raisonnable et attentif.

Section 7.1

1er Preuve. De la Supposition du Saint Suaire. L'histoire de la Sépulture du Sauveur. Jésus-Christ n'a pas été Embaumé dans un Grand Suaire.

Dans l'histoire que les évangélistes nous ont laissée de la sépulture du Sauveur, on voit qu'il ne fut pas embaumé dans un grand suaire ; saint Matthieu, saint Marc et saint Luc racontent que Jésus-Christ ayant expiré, Joseph d'Arimathie, après en avoir demandé la permission à Pilate, descendit ce saint Corps de la Croix, et qu'il l'enveloppa dans une espèce de linceul, qu'il avait, ajoute saint Marc (15:46), acheté de son argent. *Joseph autem mercatus sindonem, et deponens eum involvit sindone.* C'est se tromper visiblement que d'expliquer ce mot *sindonem* par celui de suaire propre à ensevelir.

Le terme grec σίνδων ne signifie qu'un morceau de toile de lin, un linceul dont on se pouvait couvrir comme d'un manteau ; le jeune homme qu'arrêtèrent les satellites qui s'étaient saisis de Jésus-Christ n'avait sur son corps que cette espèce de manteau, et il s'échappa tout nu, en le leur abandonnant[1] ; et Samson proposa pour prix du dénouement de son énigme aux trente Philistins de Thamnata, de leur donner trente de ces manteaux de lin et autant de tuniques[2]. Assurément, il n'est pas là question de suaires propres à ensevelir des morts. Je pourrais en citer d'autres exemples tirés des auteurs profanes et de l'Écriture où jamais le mot σίνδων ne signifie un suaire de ce temps-là. Nous verrons pourtant comment on s'en servit dans la sépulture du Sauveur.

---

1. *Adolescens autem quidam sequebatur eum amictus sindone super nudo et tenuerunt eum. At ille rejecta sindone nudus profugit ab eis*, (Marc 14:51–52).

2. *Dabo vobis triginta sindones et totidem tunicas*, (Jud. 14:12). Voyez encore (Isai. 3:23 ; Prov. 31) et ailleurs.

1ᵉʳ Preuve. De la Supposition du Saint Suaire

Ce fut donc seulement un morceau de toile neuve dont on eut pu faire un habillement, et d'une forme à peu près semblable à nos draps de lit, que Joseph acheta pour y envelopper d'abord le corps sanglant de Jésus-Christ [3], et il le transporta en cet état du calvaire au jardin du sépulcre, où il le plaça à la hâte [4], et sans l'embaumer, à la vue des saintes femmes [5]. Saint Matthieu décrit la même circonstance, et saint Luc ajoute qu'elles s'en retournèrent préparer des aromates et des parfums pour le lendemain du jour du sabbat [6].   I° 97

Cependant, Nicodème qui était le disciple secret de Jésus-Christ, quoiqu'il n'eut pas osé le paraître aux yeux du président comme avait fait Joseph d'Arimathie, vint le soir avec celui-ci apportant un composé de cent livres de myrrhe et d'aloès et ce qui était nécessaire pour l'embaumer. Saint Jean, qui peut-être se trouva à cette lugubre cérémonie ne dit que deux mots du transport de la Croix au sépulcre dans le σίνδων duquel il ne fait pas même mention. Mais il décrit assez longuement la manière dont fut embaumé le saint Corps [7].   I° 98

Voilà deux actions différentes. La première est que Joseph d'Arimathie porta le corps de Jésus-Christ dans un sindon du calvaire au sépulcre, sans l'embaumer. Et la seconde, est qu'il retourna le soir pour l'embaumer, avec Nicodème. Les trois premiers évangélistes ne parlent que de la première action, et saint Jean les décrit toutes deux. Il est même si évident qu'il y eut quelque intervalle de l'une à l'autre, et que les saintes femmes n'assistèrent pas à la seconde, qu'elles revinrent avec leurs aromates le lendemain du jour du sabbat pour embaumer le corps de Jésus-Christ [8].

---

3. *Accepto corpore Joseph, involvit illud in sindone mundâ*, (Matthieu 27:59).
4. *Et depositum involvit sindone et posuit eum in monumento*, (Luc 23:53).
5. *Maria antem Magdalene et Maria Jacobi aspiciebant ubi poneretur*, (Marc 15:47).
6. *Subsecutæ sunt autem mulieres . . . viderunt monumentum et quemadmodum positum erat corpus ejus. Et revertentes paraverunt aromata et unguenta et sabbato quidem siluerunt secundùm mandatum*, (Luc 23:55–56).
7. *Rogavit Pilatum Joseph ab Arimathœâ. . . venit ergo et tulit corpus Jesu. Venit autem et Nicodemus, qui venerat ad Jesum nocte primùm, ferens mixturam myrrhœ et aloës quasi libras centum. Acceperunt ergo corpus Jesu et ligaverunt illud linteis cum aromatibus, sicut mos est judœis sepelire*, (Jean 19:38–40).
8. *Et cùm transisset sabbatum, Maria, Magdalene et Maria Jacobi et Salome emerunt aromata ut venientes ungerent Jesum et valdè mane unâ sabbatorum veniunt ad monumentum, orto jam sole*, (Marc 16). Voyez aussi saint Matthieu et saint Luc.

Ce détail m'a paru nécessaire pour concilier la narration de saint Jean avec celle de saint Matthieu, de saint Marc et de saint Luc, et pour mieux faire sentir tout l'usage qu'on fit du sindon, à la différence d'avec le *sudarium*, dont je vais parler.

I° 99 Les juifs enterraient sans façon les gens du commun, et embaumaient les personnes considérables pour les mettre dans les sépulcres. On voit dans le livre de la Genèse (50:2, 25), qu'ils embaumaient à-peu-près comme les Égyptiens, c'est-à-dire qu'ils entouraient les corps d'une grande quantité de drogues desséchantes et qu'ils les liaient de bandelettes de lin ; la face était couverte d'un linge étroit que par une fausse étymologie nous nommons un suaire, *sudarium*. C'est ainsi qu'on ensevelit Lazare. À la voix de Jésus-Christ, il sortit du tombeau avec cet appareil funèbre [9]. Et c'est suivant cet usage que Jésus-Christ fut embaumé [10]. Son sacré visage et toute sa tête furent enveloppés d'un *sudarium* et ce linge fut trouvé séparé des autres par saint Pierre, quand après la résurrection et sur le rapport de Madeleine, il courut au jardin avec saint Jean et entra dans le sépulcre [11].

I° 100 Il n'est pas là question du sindon, et on voit par ces deux textes de saint Jean : *Facies illius sudario erat ligata : Sudarium quod fuerat super caput ejus*, que si le sindon pouvait envelopper tout le corps, le *sudarium* ne couvrait que la tête. Aussi le mot latin *sudorium* et le grec σουδάριον qui est la même chose, ne signifient-ils qu'un linge petit comme un mouchoir, et propre à essuyer la sueur du visage, car il vient du latin *sudare*. Pour s'en convaincre, il n'y a qu'à ouvrir les auteurs latins ; et le grec σουδάριον ne se trouve que dans les auteurs grecs modernes qui ont écrit après que les Romains devenus les maîtres de la Grèce eurent corrompu la langue grecque en y introduisant quantité de mots latins, pour exprimer leurs choses d'usage. Le terme grec ancien qui répond au *sudarium* des latins, c'est χαψιδρώτιον. On ne lit point σουδάριον dans l'Ancien Testament. Dans le nouveau, le serviteur paresseux s'excuse à son maître pour avoir tenu sa mine cachée dans un linge, *in sudario*, (Luc 19:20). Et au livre

I° 101 des Actes (19:12), il est rapporté que l'attouchement des mouchoirs de saint Paul, *sudaria*, guérissait les malades et les possédés : *suda-*

---

9. *Et statim prodiit qui fuerat mortuus, ligatus manus et pedes institis, et faciès illius sudorio erat ligata*, (Jean 11:44).
10. *Sicut mos est judæis sepelire*, (Jean 19:40).
11. *Introivit in monumentum, et videt linteamina posita et sudarium quod fuerat super*

rium n'est donc pas un grand suaire propre à envelopper des morts et sa signification est bien différente de celle du sindon. L'un était un morceau de toile assez long, et l'autre fort court. Et remarquons en passant qu'on croit communément que notre saint suaire est le *sudarium* que saint Pierre trouva dans un des côtés du sépulcre, hypothèse dont la fausseté saute aux yeux.

Jésus-Christ fut transporté d'abord dans le sindon en son entier ; et il est vraisemblable que pour l'embaumer ensuite, Joseph et Nicodème mirent ce linceul en pièces ; qu'une partie servît pour couvrir le visage et la tête du Sauveur, et c'est le *sudarium* ; et que du reste ils en firent des bandelettes pour le reste du corps. Cette idée paraîtra être plus qu'une conjecture, si on considère que les Égyptiens en usaient ainsi, au rapport d'Hérodote [12]. Je vais citer le texte de cet auteur en grec et en latin. Après avoir raconté la manière dont ces peuples embaumaient les corps et le temps qu'ils y employaient, il continue, « Ἐπεὰν δὲ παρέλθωσι αἱ ἑβδομήκοντα, λούσαντες τὸν νεκρέου, κατειλίσσουσι πᾶν αὐτοῦ τὸ σῶμα σινδόνος βυσσίνης τελαμῶσι κατατετμημένοισι, ὑποχρίοντες τῷ κόμμι », « *Exactis autem septuaginta (diebus) et loto defuncto, obvolvunt totum corpus ejus sindonis lineæ loris incisis, sublinentes gommi* ».

Les bandelettes dont le saint Corps de Jésus-Christ et celui de Lazare furent liés, étaient donc d'une toile de lin, et elles sont exprimées dans l'Évangile, pour Lazare, par le terme latin *institis*, qui signifie des bordures, et pour Jésus-Christ, par ceux de *linteis, linteaminibus*, qui, dans l'endroit où ils sont placés, ne signifient que de petits linges, et non pas un grand drap qui l'ait couvert de la tête aux pieds.

Pour avoir le sens au juste de ces mots latins, recourons à l'original des évangélistes. Le mot grec κηρείαις, ou, comme porte le manuscrit Alexandrin κειρίαις, qui répond au latin *institis*, et dont la racine κὴρ, qui signifie la mort, est rendu dans les lexicons sur la foi des auteurs par *fasciæ sepulcrales*, c'est-à-dire, des bandelettes funèbres : et le *linteis, linteamina, linteaminibus* répondent à ὀθονίοις, ὀθόνια, ὀθονίων, qui signifient de petits linges et qui reviennent absolument à τελαμῶσι κατατετμένοισι, *incisis loris*, du texte d'Hérodote. Car ὀθονίων est le diminutif d'ὀθόνη, et ὀθόνη dans les auteurs sa-

---

caput eius non cum linteaminibus positum, sed separatim involutum in unum locum, (Jean 20:6–7).

12. Livre 2, in Euterpe, n. 76, page 135, édition H. Steph. 1592.

I° 103 crés et profanes signifie un linge, un voile de vaisseaux, une grande toile, etc. Saint Luc distingue exactement ces deux termes. Il se sert d'ὀθόνη pour exprimer ce grand vase que saint Pierre vit dans une extase comme un linceul : ὡς ὀθόνην μεγάλην [13] et en racontant dans son évangile le voyage de saint Pierre au sépulcre, il emploie le même terme ὀθόνια que saint Jean, et qui est aussi rendu de même en latin par celui de *linteamina*[14].

Ce qui prouve encore que ὀθόνια et *linteamina* ne sont que des bandelettes, ce sont les termes *ligatus* et *ligaverunt* qui leur sont joints et qui en marquent l'usage. Il n'y avait entre elles et la peau que des drogues desséchantes ; le corps en était entouré en ligne spirale et chaque partie du corps séparément ; je veux dire que les bras n'étaient pas collés sur les côtés ni les jambes liées l'une avec l'autre par la même bandelette ; mais que chaque jambe et chaque bras avait sa bandelette séparée, et que le mort n'était pas mis dans un grand suaire, comme un enfant qu'on serre dans son maillot.

I° 104 Parmi les hiéroglyphes des Égyptiens, on voit quelques figures qui représentent des horus emmaillotés dont le visage est découvert et les bras sont engagés comme ceux d'un enfant au berceau. Si on les prend pour des représentations de leurs morts ensevelis, parce que c'est ainsi que nous ensevelissons les nôtres, c'est une erreur. Diodore de Sicile [1er siècle av. J.-C.] dit expressément qu'en embaumant ils savaient conserver parfaitement la figure entière du corps et celle de chaque membre en particulier[15], et on le voit par les momies. En 1692, on en apporta une à Paris, dont le P. de Montfaucon [Dom Bernard de Montfaucon, 1655–1741] donne la figure[16]. Tout le corps est entier dans une espèce de boîte chargée de figures égyptiennes, la tête et les deux mains paraissent au-dessus hors de la boîte et les pieds au-dessous et on y distingue tous les traits du visage, les os du poignet, les jointures des doigts, les ongles même. Preuve que les bandelettes ne collaient point les doigts ensemble.

---

13. *Velut linteum magnum*, (Actes 10:11 ; 11:5).
14. *Petrus autem surgens venit ad monumentum et vidit linteamina sola posita*, (Luc 24:12).
15. Diodore, livre 2, page 82, édition Hanovre, 1604.
16. Bernard de Montfaucon, *Antiquitas Explanatione et Schematibus Illustrata*, tome 5, partie 2, page 178.

L'usage des juifs paraît en cela si conforme à celui des Égyptiens que saint Pierre ayant ressuscité Dorcas qu'on avait déjà lavée et qui sans doute était ensevelie, lui donna la main pour l'aider à se lever [17]. Les bras de Dorcas n'étaient donc pas engagés dans un grand suaire ni collés sur le corps, comme ceux d'un enfant emmailloté. Et la raison en est si naturelle. Les bandelettes gommées servaient à affermir les chairs, comme les aromates servaient à les dessécher, pour les empêcher de se corrompre ; et si en embaumant on eût appliqué les chairs les unes contre les autres, cela eut occasionné la fermentation et peut être la pourriture. Et voilà, il me semble, le dénouement de cette énigme que propose saint Ambroise (de Fide Resurr., livre 2) en commentant le verset 44 du chapitre 11 de saint Jean. Voici ses paroles : *Audivit ergo defunctus (Lazarus) et exivit foras de monumento, ligatus pedes et mahus instilis, et facies ejus sudario colligata erat. Comprehende, si potes, quemadmodùm clausis oculis iter carpat, vinctis pedibus gradum dirigat, inseparabili gressu, separabilique progressu.* Il est facile de le deviner après ce que j'ai dit, que les jambes étaient séparées. Les bandelettes en dentelle étaient fortement serrées, les tenaient raides et inflexibles. La gomme en avait durci les chairs. Que Lazare marche en cet état avant d'être délié et qu'il sorte ainsi de lui-même de son tombeau ; voilà du miracle. Mais après tout, cette circonstance remarquable de sa résurrection ne sera un mystère impénétrable que pour ceux qui confondront la manière dont nous ensevelissons nos morts avec celle dont les juifs ensevelissaient les leurs, ou qui prétendront faussement que leur *sudarium* prenait de la tête aux pieds, et que les bandelettes ne servaient qu'à le serrer contre la peau.

Si c'est ainsi qu'ils emmaillotaient les corps, pourquoi saint Jean ne disait-il pas *ligatus pedes et inanus sudario* ? pourquoi pas *ligaverunt eum sudario cum aromatibus* ? et encore *sudarium quod fuerat super corpus ejus* ? Mais plutôt pourquoi ce mot *sudarium* ? Si ce n'est pour montrer que Jésus-Christ ne fut pas embaumé dans un grand suaire ? Quoiqu'on aurait à examiner en fait de la nature de celui-ci dans un auteur profane, il faudrait s'en tenir à la valeur et au sens des termes dont l'historien se serait servi à plus forte raison le respect dû à l'Évangile, doit-il nous faire observer cette règle de critique. Gardons-nous de ne rien ajouter à ce livre Divin et vouloir

---

17. *Quam cùm lavissent posuerunt eam in cœnaculo ... at illa ... resedit. Dans autem illi manum erexit eam*, (Actes 9:37).

à toute force y trouver d'autres sens que ceux que le Saint-Esprit a voulu y exprimer et qui se présentent ici d'eux-mêmes.

Voilà donc l'authenticité de notre saint suaire contredite par l'expérience des anciens et démentie par les termes et par toute la narration de saint Jean. Mais je veux pour un moment que le *sudarium* soit un grand linge comme un linceul, et que Jésus-Christ y ait été enseveli ; que ses mains ayant été croisées l'une sur l'autre, ses jambes et ses pieds collés l'un contre l'autre, et qu'on l'ait serré partout avec des bandelettes. Pour que l'empreinte de ce sacré Corps ait pu se tracer telle qu'on la voit dans notre saint suaire, un miracle ne suffira pas, mais il en faudra une infinité qui seront visiblement opposés entre eux et même impossibles. C'est ici ma seconde preuve.

Section 7.2

2e Preuve. L'Empreinte du Saint Suaire

I° 108   Dieu pour glorifier la sépulture de son fils, avait donc résolu, dès avant tous les temps, de former cette empreinte miraculeuse par l'attouchement de son corps sacré. Voilà dans ce système fabuleux le premier miracle et la tige d'une infinité d'autres. Quand Jésus-Christ était encore en vie, et qu'il montait au Calvaire, son visage avait déjà une vertu typographique pour pouvoir s'imprimer sur l'étoffe qu'il envoya lui-même à Abgar, roi d'Édesse, et sur le voile de la Véronique, et après sa mort la partie du suaire qui répondait au visage, à la poitrine, aux mains, aux pieds, à tout le corps a dû aussi, malgré la grande quantité d'aromates [18] qui l'en séparait, en recevoir tous les traits. Ses plaies s'y sont imprimées plus fortement et avec des couleurs bien plus vives. Mais pourquoi les plaies de la tête que fit la couronne ne s'y sont-elles empreintes que par des traits confus et que l'imagination a peine à deviner ? Pourquoi n'y voit-on pas le moindre vestige de celles de la flagellation ? Les bras et la poitrine n'ont pas manqué d'être écorchés par les coups de fouet, et l'empreinte cependant n'en est pas plus vive que celle des jambes

I° 109   et des cuisses. Rien de tout cela n'a été oublié dans le suaire de Turin. Pourquoi le sang qui sortit du côté paraît-il dans le nôtre aussi vermeil que celui qui sortit des pieds et des mains ? Le sang du côté était pourtant mêlé avec l'eau du péricarde et la teinture a dû en être

---

18. *Mixturam myrrhae et aloes quasi libras centum* (Jean 19:39).

moins forte que celle du sang pur. Pourquoi ce qui en coula de cette ouverture sur le ventre n'a-t-il pu s'y empreindre, comme celui qui était autour et dans l'ouverture même, et comme celui qui y paraît peint par gouttes sur les pieds et sur les mains ? Est-ce que si l'on a lavé ce saint Corps on ne l'aura pas lavé partout également, et qu'on y aura laissé du sang en quelques endroits de préférence à d'autres ?

Le temps sans doute aura effacé quelques traits sur le saint suaire. Mais c'est un dépôt miraculeux que le temps a toujours respecté. Le saint suaire ne s'use point, à ce qu'on prétend, quoique la toile ne laisse pas de s'érailler dans les bouts, malgré tout le soin qu'on en prend et le peu d'usage qu'on en fait. Et l'image du derrière de la tête et de toute la partie postérieure et des côtés du corps de Jésus-Christ, que sera-t-elle devenue ? Pourquoi l'empreinte ne s'en serait-elle pas formée, aussi bien que la partie antérieure ? Tout le sang adorable du Sauveur n'était donc pas également capable de teindre, et la vertu typographique de ce saint Corps a donc été bien limitée. Car il fut serré avec des bandelettes, personne n'en doute : sous les bandelettes, dit-on, était notre grand suaire qui tenait les cent livres d'aromates et dont le corps fut comme emmailloté dès la tête aux pieds. Quoi ? Ces aromates et le sang qui les détrempait ne l'auront marqué nulle part que dans l'empreinte qui subsiste ? La partie du milieu où elle se trouve aura effectivement touché le devant du corps ; mais les côtés blancs du suaire en ont aussi touché les côtés et toute la partie postérieure ; et les bouts du dessus de la tête et sous les pieds ont dû être croisés l'un sur l'autre. Il n'y a pour en être persuadé qu'à en voir la figure qui est un carré long de huit pieds sur quatre de large. Pourquoi donc l'image y est-elle exactement terminée au devant du corps ? Le suaire de Turin qui a tant essuyé de contradictions sur la fin du 14e siècle et au commencement du 15e, en représente bien les parties antérieure et postérieure. A-t-il donc été en cela plus privilégié que le nôtre, comme il l'a été pour représenter le voile qu'on met au crucifix sur le bas ventre, que le nôtre ne représente pas ? Je sais bien d'autres différences de ces deux saints suaires : une seule cependant suffirait pour en montrer la fausseté ; car, on ne peut sauver leur opposition que par des systèmes de fantaisie.

Et pourquoi encore ces images sont-elles dessinées avec des traits si réguliers dans leur genre ? Le corps humain n'est pas fait comme un bâton, tout d'une venue, les épaules sont plus larges que le col et la tête, que les reins et les genoux ; et le dessus et le dessous des genoux et le bas de la jambe sont plus étroits que les parties voisines. Quand on ensevelit nos morts, il faut replier leurs suaires en bien des endroits pour en serrer également les corps. Que serait-ce si nous y mettions encore par-dessus des bandelettes ? Que de plis et de replis ? Combien de fautes par conséquent dans le dessin de l'empreinte ! Si une feuille d'imprimerie s'est trouvée pliée sous la presse, les caractères manquent et se trouvent désunis quand on vient à la déplier. On ne voit pourtant rien de semblable dans les saints suaires ; tout y est fait avec art et méthode, ou plutôt tout y est fait contre toutes les règles de l'art et de la nature.

I° 112

Arrêtons-nous à l'empreinte du visage. La tête d'un homme est d'une figure sphérique, et le visage n'est pas uni comme la glace d'un miroir. Il y a des parties, le nez par exemple, plus élevées que d'autres et qui y forment des hauts et des bas. La toile du suaire qui était sur le sacré visage de Jésus-Christ n'a donc pu le toucher partout également ; et l'image cependant en est partout également bien marquée. D'ailleurs, si l'on se couvre le visage d'un linge qui prenne d'une oreille à l'autre, ce linge aura presque une fois autant de largeur qu'une toile où le visage serait peint à plat de grandeur naturelle et suivant les règles de l'optique ; voilà pourtant comme le sacré visage de Jésus-Christ est empreint dans le saint suaire, et empreint par conséquent autrement qu'il n'aura touché. Ce que je dis du visage, on doit le dire également de tout le corps ; et encore, l'image des pieds y est séparée, quoique sûrement dans le suaire, les pieds n'ayant pas dû être situés comme ils paraissent dans l'empreinte, ni jetés en dehors, puisqu'ils étaient liés ensemble, et l'image de tout le corps est d'un goût gothique bien opposé à celui de la nature, comme je le ferai remarquer dans la preuve suivante.

I° 113

Que de merveilles ! L'opération de Dieu était sans doute bien artificieuse : mais mon esprit succombe sous le poids de tant de mystères entassés : et c'est ici qu'on peut appliquer le défi de saint Ambroise, « *Comprehendere si poles sancta sindon quem admodum Jésus-Christ* ».

Le saint suaire ou le saint signe de Compiègne n'est pas sujet à tant d'inconvénients. C'est un drap blanc tout uni et sans empreinte. Aussi disons-nous que ce n'est pas le véritable suaire qui ait touché le corps sanglant de Jésus-Christ. Mais il était pourtant regardé comme tel à Aix-la-Chapelle dès le temps de Charlemagne, et Charles-le-Chauve le rapporta à Compiègne dans le 9e siècle.

Je ne parle pas de tant d'autres saints suaires qu'on donne en une infinité d'endroits pour les vrais suaires de Jésus-Christ. Il y en a deux à Rome, un à saint Jean de Latran, et un autre à sainte Marie-Majeure. Il y en a un en Espagne, et un au Portugal : ce dernier est empreint aussi bien que le nôtre. Il y en avait un à Utrecht, et l'on ne sait ce que les protestants en auront fait. On voit dans le trésor de la Sainte-Chapelle à Paris, un grand lambeau de linceul qu'on prétend avoir servi à la sépulture de Jésus-Christ, et dans l'église de Chartres on en conserve un autre lambeau. Mais le plus fameux de tous est celui de Cadouin ; c'est le nom d'une abbaye de l'ordre de Cîteaux, située dans le haut Périgord, au diocèse de Sarlat, près de Limeil. Il est taché en plusieurs endroits de sang, de sueur, et d'huile de parfum, et on l'appelle le saint suaire de Toulouse, parce qu'il a fait quelques séjours en cette ville. Que tous ces saints suaires et d'autres encore soient authentiques ou non, peu m'importe. Je me borne ici à examiner celui de Besançon et je soutiens que l'empreinte qu'il porte est une marque évidente de sa fausseté, parce qu'elle est incroyable en elle-même et impossible. f° 114

En effet, la conduite de Dieu et son action est bien plus uniforme, même dans les faits miraculeux, quand pour les opérer il se sert des causes secondes. L'empreinte de notre saint suaire n'est pas un de ces miracles que Dieu opère par un seul acte de sa volonté, comme fut la guérison de la Cananéenne. C'est le corps de Jésus-Christ ; c'est son sang, ce sont ses plaies qu'on veut qui aient formé cette empreinte ; lesquelles par conséquent, en admettant même qu'il y ait eu du miracle, ont dû la former, tout autre qu'elle est. f° 115

Mais sans examiner davantage cette multitude inutile de miracles et leur contradiction, parce que, après tout, rien n'est impossible à la Toute-Puissance, je pourrais démontrer d'ailleurs que Dieu n'a pas dû vouloir en faire aucun ni former cette image. Car, mille réflexions se présentent à faire sur le génie de la nation juive, ennemie de toute représentation, et qu'il fallait gagner à la Foi pour l'amener ensuite au culte des images ; sur celui des gentils attachés à celles de leurs faux dieux et aux idoles qu'ils devaient détester ; sur l'économie de la Providence et la conduite admirable que nous savons que Dieu a tenue dans l'établissement de la religion chrétienne ; sur les règlements des apôtres et de leurs premiers successeurs ; sur leur silence et celui de tous les écrivains de ce temps-là touchant le saint suaire et toutes les reliques qu'on croit avoir de Notre-Seigneur ; sur la discipline de la primitive Église et sur une infinité d'autres choses. Mais cette matière est trop vaste pour la traiter succinctement, et trop délicate pour vouloir l'approfondir.

Section 7.3

3e Preuve. La Nouveauté du Saint Suaire

I° 116

Supposons encore qu'il y ait eu un véritable suaire de Jésus-Christ assez long pour couvrir tout son Corps sacré, et qui ait pris son empreinte ; que ce saint suaire ait été placé dessus ou dessous les bandelettes ; qu'il ait touché immédiatement le saint Corps ou qu'il ne l'ait pas touché ; que l'imagination travaille tant qu'elle voudra, jamais on ne pourra se persuader que ce soit le saint suaire de Besançon. Il porte des caractères trop visibles de sa nouveauté et dans la toile dont il est fait, et dans sa peinture.

Sans être connaisseur d'antiques, il m'est aisé de le faire voir. Et d'abord, il est de deux toiles, car on en voit la couture qui prend de haut en bas dans toute sa longueur, et constamment, c'est du lin, et du lin non seulement ouvré, ce qui ne l'empêcherait peut-être pas d'être antique, mais ouvré comme nos linges d'à présent, et ressemblant à du petit Venise. Or, assurément, ce goût de petit Venise n'a pas deux mille ans, puisque Venise dont il nous est venu n'en a pas 1400. Et quand on voit les changements qui arrivent dans les façons de tous nos meubles d'usage par la succession des temps, et en par-

I° 117 ticulier combien on a inventé de façons différentes dans le travail de nos serviettes depuis que l'usage de la toile de chanvre est devenu commun, ce qui ne va pas à cinq ou six cents ans, on sent bien que la trame de notre saint suaire est une de ces inventions nouvelles et postérieures à cet usage. Que l'on compare cet ouvrage avec nos ouvrages modernes, il y est parfaitement conforme.

Mais examinons-en la peinture. Elle est certainement faite de main d'homme et d'un goût gothique :

1. C'est une tradition assez incertaine à la vérité, mais qui cependant subsiste, que c'est le côté droit de Jésus-Christ qui fut percé de la lance et non pas le côté gauche : et quand on voit le saint suaire dans le revers où la plaie est à droite, elle paraît plus vive que dans l'autre revers. Il en est de même des plaies des pieds et des mains. Cependant, ce n'est pas ce premier revers qui a touché le saint Corps ; car le côté droit y serait représenté à gauche, comme on le voit dans une estampe qu'on tire de dessus la planche et dans un miroir, qui représente à gauche ce qui est à droite dans l'objet. Le peintre n'a donc pas fait réflexion que l'empreinte du saint suaire dans le revers qui aurait touché le corps, devait paraître plus colorée. Ou plutôt en plaçant ces couleurs, il a mieux aimé se conformer aux tableaux des Christs qui représentent toujours à droite l'ouverture du côté. I° 118

2. Dans le saint suaire, les épaules font des angles carrés et les extrémités de tout le corps sont terminées par des lignes qui sont presque droites, semblables à ces vieilles peintures qu'on voit dans quelques sacristies et sur les vitraux des églises d'une architecture gothique où le bon goût ancien et nouveau et le dessin pris d'après la nature est absolument négligé. Ce qui fait bien voir que l'empreinte de notre saint suaire n'est pas naturelle.

Ce goût gothique qui y règne est si sensible et la preuve que j'en tire si frappante, que pour en éluder la force, de nouveaux critiques tout pleins du préjugé dominant, sont obligés de convenir que cette empreinte a été faite de main d'homme, sur la toile du vrai suaire de Jésus-Christ. Effectivement, on a pu le peindre ce vrai suaire, si on l'a eu. Mais en avouant ingénument qu'il n'y a que la toile qui soit authentique dans celui de Besançon, je ne sais si on fera mieux goûter ce système radouci que le mien. Quoi qu'il en soit, je vais raconter la manière dont on croit communément que le saint suaire est parvenu jusqu'à nous, et supposer encore que tout ce qu'on a dit sans preuves est néanmoins incontestable, pour former une nouvelle démonstration de sa fausseté. I° 119

Section 7.4

4ᵉ Preuve. L'Origine et la Translation du Saint Suaire, telle qu'on la Suppose, et son Ostension

Je ne crois pas qu'à présent que la critique est plus exacte qu'autrefois, on veuille rapporter au cinquième siècle l'origine du saint suaire et le faire descendre en ligne directe de Juvénal de Jérusalem. Cela était bon aux temps passés où tout fait antique trouvait créance dès qu'il était merveilleux. On disait que Juvénal l'avait donné avec d'autres reliques à Eudocia, et que cette impératrice ou l'empereur Valentinien III, son époux, l'avait envoyé à Besançon à Galla Placidia sa tante qui avait bien voulu en faire présent à l'église Saint-Étienne. Mais où en sont les preuves ? Pourquoi le bras de ce saint martyr que Galla nous a donné incontestablement est-il devenu dès lors si fameux, que non seulement dans les archives de notre église métropolitaine, mais encore à Metz, à Dijon et ailleurs, on trouve des actes authentiques de sa translation, de ses miracles, tandis que nulle part le saint suaire n'a fait le moindre bruit ? Les comtes de Bourgogne ont fait en différents temps des donations considérables au chapitre de Besançon pour honorer la relique de saint Étienne ; pourquoi n'auraient-ils pas honoré de même le vrai suaire de Jésus-Christ, si nous l'avions eu pour lors ? Pourquoi encore dans des espèces de dénombrements de reliques de notre église qui ont été faits avant le douzième siècle, n'est-il pas fait mention de celle-ci, la plus précieuse de toutes si elle était authentique ? Je ne veux rien ajouter de plus ni répéter ce que j'ai dit de la nouveauté du saint suaire, et du goût de sa peinture. L'opinion commune d'à présent, qui est moins déraisonnable quoiqu'elle soit fausse, c'est qu'il nous est venu des croisades.

Eh bien, à la bonne heure. Mais ne sait-on pas combien ces voyages d'outre-mer nous ont procuré de reliques vraies ou fausses, et comment les Orientaux les vendaient à beaux deniers comptant aux chrétiens croisés, aux Français surtout ? Comment ceux-ci nous les rapportaient bonnement ; et serait-il téméraire d'assurer que dans ces temps d'ignorance et d'une piété crédule, on ait pris un suaire empreint comme le nôtre, et venu de la Terre-Sainte, pour le vrai suaire de Jésus-Christ ? On est bien tenté de le croire, quand on sait combien ces sortes d'idées pieuses peuvent aisément prendre racine dans l'esprit d'un peuple ignorant, et delà, s'étendre fort au loin. Je vais en passant citer un exemple frappant de l'ignorance où était notre province à peu près dans ce temps-là. Autour du reliquaire du chef de saint Jean Calybite qui est dans notre église, il y avait deux vers jambes grecs, que voici gravés en lettres majuscules sur un cercle d'argent.

ΧΕΙΡ ΜΕΝ ΒΕΒΗΛΟΣ ΤΙΜΙΑΝ ΣΙΝΘΛΑ ΚΑΡΑΝ.
ΑΛΛ᾽ΕΥΣΕΒΗΣ ΧΕΙΡ ΙΟΥΑΝΝΟΥ ΣΥΝΔΕΕΙ.

Pour en avoir l'explication, le chanoine théologal Jean de Corcondray s'en fut avec la relique à Avignon, la demander à deux évêques grecs, qui en dressèrent un procès-verbal daté du 17 avril 1321. Et voici leur traduction française :

« Les mains de la maule personne et hereige
Cette sainte tête de S. Jean Calybiti despira,
Et les mains dou juste et vrai proudhomme
Cette sainte tête de S. Jean Calybiti adorera et prisera. »

Il fallait être bien ignorant pour aller chercher si loin une paraphrase aussi infidèle qu'elle est barbare et ridicule, et la rapporter gravement dans un acte authentique. Ces deux vers grecs se doivent rendre ainsi en latin :

« *Manus quidem profana venerandum contudit caput, Sed pia manus Joannis (caput circulo) colligat.* »

Revenons aux croisades.

Au douzième et treizième siècle, Hugues IV, Théodoric de Montbéliard, et même Amédée, trois archevêques de Besançon firent ce voyage et y moururent. Ils étaient accompagnés de plusieurs seigneurs comtois et de quelques personnes de leur clergé, peut-être même de quelques moines suivant la coutume de ces temps-là. Les moines auraient gardé le saint suaire pour leurs couvents, si jamais ils en avaient été les maîtres. Mais ce sera si l'on veut à quelques-uns de la suite de ces prélats ou à ces seigneurs que nous en aurons obligation. Du moins croit-on qu'ils nous ont rapporté d'autres reliques aussi précieuses, et qu'on conserve dans des reliquaires d'or et d'argent avec ces inscriptions :

Aliquid de præputio Domini, de corona eoronaspineâ, de spongiâ Domini, de fimbriis vestimentor. Domini, etc.

Remarquons que cette histoire de translation du saint suaire n'est établie que sur des conjectures. Mais que ces conjectures soient vraies ou fausses, on sent d'abord que son authenticité n'en est pas moins suspecte. Les seigneurs, après leur retour, pouvaient bien en faire accroire à leurs compatriotes. Ils venaient de loin ; ils avaient affaire à des gens grossiers, crédules et ignorants, et par conséquent avides du merveilleux : et ce beau privilège de pouvoir en imposer sans crainte d'être démentis est réellement tout le fruit de ces longues et pénibles entreprises aussi mal conduites qu'elles avaient d'abord été heureusement concertées. J'ai peine cependant à attaquer leur candeur ; et je croirai plutôt que s'ils ont donné le saint suaire, jamais ils ne l'auront donné pour authentique.

I° 124 Car cette image a dû être employée dans les pièces de théâtre qui se représentaient en Orient devant les chrétiens croisés. Pour leur donner quelque occupation pieuse et agréable tout ensemble, pour ranimer leur foi et soutenir leur courage dans le recouvrement des saints lieux, on jouait devant eux des tragédies saintes. C'étaient les actions et les mystères de Jésus-Christ, et on a encore de ces tragédies gothiques. Elles étaient accompagnées de représentations. Par exemple, pour le mystère de la résurrection ou de la mort du Sauveur, on mettait sur le théâtre une croix, un suaire, un tombeau, etc. Et voilà sans doute quel a été le premier usage de notre saint suaire et sa première destination, si toutefois il nous est venu de ce temps-là. Quoiqu'il en soit de cette translation fabuleuse, ce n'est qu'après le 11e et même le 12e siècle que le saint suaire a été connu ; et ce n'est que dans le 16e qu'il a été honoré à Besançon d'un culte religieux qu'on l'a regardé comme le vrai suaire de Jésus-Christ, et qu'on en a fait l'ostension solennelle, telle qu'on la fait de nos jours.

I° 125 Cette ostension est réellement un reste d'un ancien usage des églises, usage postérieur au 11e siècle et assez ressemblant à celui des croisades, d'accompagner les tragédies saintes de représentations ; usage enfin auquel il est vraisemblable que celui des croisades a donné naissance en Occident. Aux jours des principales fêtes de l'année, on représentait à l'Église les mystères par personnages. Dans un vieil ordinaire de l'église métropolitaine de Saint-Jean, on lit pour le jour de Pâques, tout l'ordre de cette cérémonie qui se faisait à matines immédiatement avant le *Te Deum*. Il y avait près de l'autel deux enfants de chœur, habillés en anges et avec des ailes, et trois chanoines ou trois familiers habillés comme les trois Maries, et portant chacun un vase d'or ou d'argent, comme s'il eut été plein des aromates que les Maries portaient au sépulcre. Les trois Maries se tenaient debout sur les degrés de l'autel, et le chantre qui les y avait menées de la salle capitulaire, demandait à la première ce qu'elle avait vu : *Dic nobis, Maria, quid vidisti in viâ* ? La seconde, qui, avec son vase d'aromates portait un suaire, répondait : *Sepulcrum Christi viventis et gloriam vidi resurgentis, angelicos testes, sudarium et vestes* ; et la troisième : *Surrexit Christus spes mea*, etc. Tout ce dialogue était accompagné de signes de la main ; à *sepulcrum* et à *angelicos testes*, elles montraient les anges et l'autel, et quand on disait *sudarium*, on développait le saint suaire, et telle fut la première ostension. Après quoi on chantait le reste de notre prose *Victimæ* qui est ancienne et dont tout cela est tiré.

I° 126

Et d'abord si on veut bien faire attention à l'usage du saint suaire dans cette représentation et à sa destination symbolique, on conclura qu'il n'est pas plus le suaire véritable de Jésus-Christ que l'autel était véritablement son tombeau ou que les enfants de chœur et les trois chanoines étaient les anges et les Maries qu'ils représentaient. Encore un coup, telle fut la première ostension de notre saint suaire. Elle attirait pourtant les regards du peuple qui aime naturellement les représentations, et celle-ci excitait tellement sa dévotion qu'on dit que l'église de Saint-Étienne se trouva par la suite trop étroite pour le tout contenir.

Cependant, cette représentation fut supprimée par la suite. C'est même pourquoi quelques-uns disent que le saint suaire a été quelque temps inconnu, et ce ne fut que pour suppléer à cette cérémonie et pour satisfaire à la dévotion des peuples, qu'en 1522 on bâtit près de l'église Saint-Étienne une estrade de bois, d'où on le montrait seulement le jour de Pâques. Et en 1549, le chapitre assemblé fit un nouveau règlement pour le montrer encore le dimanche dans l'octave de l'Ascension. C'est tout ce qui est resté dès lors de la représentation de Pâques.

I° 127

J'ai dit que notre saint suaire n'avait été connu qu'au 12ᵉ siècle, parce que ces sortes de représentations n'ont commencé en Occident qu'après le temps des croisades. Il est certain qu'elles ne sont pas des premiers siècles ; et au commencement du 13ᵉ, Innocent III dans sa constitution *cum decorum, lib. 3, Decretal, tit. 1, De vit. et honest. Cler.*, les défendit pour la première fois. En effet, il était difficile qu'elles ne dégénérassent bientôt en abus, comme les appelle le concile de

Bâle. Elles sentaient trop le théâtre, et si une piété mal entendue les savait introduites, le caprice seul de quelques particuliers en avait réglé l'ordonnance dans chaque église, car elles n'étaient pas partout les mêmes. Ce ne fut bientôt qu'un spectacle frivole et de pure curiosité. Si l'on pouvait déterminer au juste en quel temps précisément celle des trois Maries a commencé dans l'église de Besançon, nous aurions précisément l'époque de la production de notre saint suaire. Car, au fond, on voit bien que cet ouvrage gothique n'est pas venu de la Terre-Sainte, et qu'il n'a été fait que pour servir à cette représentation.

Quel peut donc être le fondement de cette idée fausse que le saint suaire nous a été apporté dans le temps des croisades ? Le voici. Dès qu'il est devenu miraculeux, on a commencé à le croire authentique, et pour cela il a fallu canoniser son origine : et parce qu'on savait que les représentations des mystères par personnages aux fêtes solennelles venaient des croisades, on a dit que le saint suaire en venait aussi. Mais jamais nos pères ne l'ont pensé avant le 16e siècle ; et ce qui me le persuade, c'est le peu de cas qu'ils en ont fait jusqu'en 1534.

Tandis que d'autres reliques moins précieuses étaient conservées dans des reliquaires d'or et d'argent, et qu'on les exposait à la vénération des siècles, le saint suaire était relégué au jubé dans une caisse de bois. En vérité, ce serait faire injure à la piété de nos pères, excessive sur tant d'autres choses que de penser qu'ils traitaient ainsi avec connaissance le véritable suaire de Jésus-Christ. Disons les choses comme elles sont, ils ne le regardaient pas comme tel, parce qu'il n'était pas encore miraculeux, et qu'ils avaient encore, pour ainsi dire, sous les yeux l'usage auquel on l'avait employé annuellement.

Les partisans de l'authenticité du saint suaire répondent à cela par un grand lieu commun, qu'il s'était égaré dans des temps de guerre et d'embrasement, et qu'en 1517, il fut découvert dans un coin de l'église par une lumière extraordinaire. Mais si cela était comme on le veut dire, aurait-on laissé le saint suaire dans un lieu si peu convenable à sa dignité, et d'où il ne fut tiré que 17 ans après ? Voici comme ce dernier fait est raconté dans une vieille chronique des fêtes de notre église. *Anno 1534, mense octobri, SS. Christi sudarium in satis humili loco repositum, videlicet in thecâ ligneâ ad pedes Crucifixi imaginis super jubœum oppositâ, in sacello sancti Maimbodi decentissime reconditur, procurante Leonardo de Gruerus, archidiacono Sa-*

linensi, canonico et officiali Bisuntino. On dit que ce chanoine avait été miraculeusement guéri par l'attouchement de notre saint suaire qu'on portait alors dans la ville chez les malades.

Et que sais-je ? Puisque l'office se faisait dans l'église de Saint-Étienne et dans celle de Saint-Jean séparément, même après la réunion des deux chapitres, si la représentation du jour de Pâques était la même dans l'une et dans l'autre de ces églises ? Et si on la faisait en même temps, elles ont dû avoir chacune leur saint suaire. Celui de Saint-Étienne a pu s'égarer et peut-être péri dans l'embrasement qui arriva à cette église en 1349, et pour nous consoler de cette perte, il ne nous est resté que celui de Saint-Jean.

Quoi qu'il en soit de ce double saint suaire, celui que nous avons est un dépôt précieux qui mérite toute notre vénération, et que Dieu a voulu rendre populaire dans les deux derniers siècles par des miracles. Aussi, on établit une confrérie du saint suaire en 1549, et alors on composa la messe que nous avons dans nos missels. L'office s'en fit plus tard, on l'inséra pour la première fois dans le bréviaire de M. Ferdinand de Rye. Et telle est l'histoire de son culte dans l'église de Besançon. Mais voilà en tout une suite de faits exactement liés qui tous ensemble déposent contre son authenticité, et dont il résulte que le préjugé que j'attaque n'a commencé qu'au 16e siècle.

I° 131

Section 7.5

5e Preuve. Le Saint Suaire n'Existait pas dans les Premiers Siècles

Assurément si le saint suaire était plus ancien que le temps de son ostension, ou ce qui revient au même, plus ancien que le temps auquel la représentation de Pâques a commencé dans notre église, si dans les premiers siècles il avait existé quelque part, nous en aurions des indices ; et j'ai déjà insinué qu'aucun Père ni aucun écrivain ecclésiastique n'en avaient parlé, et qu'il avait été parfaitement inconnu dans toute l'Église. Le vénérable Bède, auteur anglais du 8e siècle, est le premier et le seul qui ait parlé d'un saint suaire[19] et ce qu'il en dit sur les relations d'Arculfe, évêque de France, écrites par Adaman, a tout l'air d'une fable et d'une fable ridicule. Bède a travaillé souvent sur de faux mémoires, et sa chronologie n'est pas

I° 132

---
19. De Locis Sanctis, livre 3, chap. 5.

exacte dans le fait dont il s'agit, si on veut qu'Arculfe en ait été le témoin oculaire. Mais sans vouloir le critiquer ici, et en supposant ce qui est en question comme incontestable, savoir que le saint suaire dont Arculfe fit cette relation à Adaman était le véritable suaire de Jésus-Christ ; que jusqu'au 7e siècle il fut secret, et qu'ayant été volé par des juifs, il les enrichit de père en fils ; qu'il fut cédé ensuite par testament à un de leurs descendants pour suppléer à tout le reste de la succession ; que ce juif en fut saisi et que les chrétiens le lui disputèrent ; enfin que par épreuve, Mahuvias, calife des sarrasins, le fit jeter au feu dont il échappa miraculeusement. En supposant, dis-je, tout cela, voilà ce vrai suaire devenu populaire en Palestine ; et qu'on nous dise ce qu'on en fit ensuite ? Quel autre miracle il a fait ? Quel auteur en a parlé ? Quelle mention en fit-on au temps des iconoclastes, où il était si important de le produire, et où il aurait presque fait décider la question, si on eut prouvé son authenticité et ses miracles ?

I° 133 On était alors assez crédule pour être persuadé que l'image de Jésus-Christ qu'on gardait à Édesse était authentique, comme à Besançon on est persuadé que le saint suaire est le vrai suaire de Jésus-Christ. Abgar, dit saint Jean Damascène [20], voulait avoir le portrait de Jésus-Christ, et il envoya un peintre pour le tirer. Mais il sortait de son visage une lumière si éblouissante que le peintre en fut presque aveuglé. Jésus-Christ prit alors le coin de son manteau et il imprima son visage sur cette étoffe qu'il envoya à Abgar avec la lettre apocryphe qui est rapportée par Eusèbe [Eusèbe de Césarée, 265–339] [21]. Voilà comme les fables vont toujours croissant. Évagre [Évagre le Scolastique, 536–après 594] est le premier qui ait parlé de cette image [22]. Elle a pourtant fait grand bruit par la suite, et non seulement saint Jean Damascène l'a citée pour le culte des images, mais on la cita encore dans le 7e concile général, parmi quantité d'autres monuments ecclésiastiques dont on tira des preuves contre les iconoclastes [23].

Excepté les deux légats du pape Adrien I, tout ce concile était composé d'Orientaux au nombre de plus de 350, tant évêques que prêtres et abbés. Si dans quelqu'une des églises orientales on avait

---

20. Oratio de Imag.
21. Histoire ecclésiastique d'Eusèbe, livre 1, chap. 13.
22. Histoire ecclésiastique d'Évagre, livre 4, chap. 27.
23. Conc. Nyss. 2e, act. 5, ann. 787.

eu un saint suaire miraculeux et qu'on l'eut regardé comme le véritable suaire de Jésus-Christ, il est impossible que de tant de pères assemblés pour justifier le culte des images, aucun n'ait fait la mention de celle-ci, et que par conséquent personne n'en ait eu la moindre connaissance. Après tout, le suaire dont parle Bède était aussi digne et aussi autorisé que celui d'Édesse, et la preuve qu'on en eut tirée eut été aussi convaincante ? Pourquoi donc n'en fut-il pas question ? C'est qu'au fond le récit de Bède est fabuleux et qu'on n'avait pas alors en Orient le vrai suaire de Jésus-Christ, ou que si on l'avait eu du temps de Mahuvias (en 659), il avait péri peu après de la main de quelque iconoclaste, et avant la tenue du concile.

f° 134

Ce n'est pas tout ; si l'on veut malgré tant de preuves que le saint suaire de Bède subsiste encore, et que ce soit le saint suaire de Besançon, qu'on nous dise au juste d'où, quand, comment, et par qui il est venu jusqu'à nous. Nous savons comment nous avons reçu le bras de saint Étienne ; et quand bien même nous ne le saurions pas, ce saint suaire, s'il est authentique, est une relique d'une classe bien supérieure et dont il est impossible d'ignorer l'origine. En effet, il serait bien surprenant que dans une église comme celle-ci, qui conserva toujours la Foi et la piété de ses pères, on ignore un événement aussi intéressant et qui fait son plus beau privilège. On a beau dire sans preuve que nous avons perdu les actes originaux de la translation et de l'authenticité du saint suaire, après que tant d'autres actes plus anciens et moins précieux, et en particulier celui que j'ai tiré de Jean de Corcondray, et le saint suaire lui-même, subsistent encore : et paraît-il vraisemblable, qu'on l'ait si longtemps oublié, et qu'il ait fallu un miracle pour le retrouver ?

f° 135

Section 7.6

6ᵉ Preuve. Les Miracles du Saint Suaire ne Prouvent pas qu'il Soit Authentique.

À Dieu, ne plaise, que je veuille combattre ici la vérité de tous les miracles qu'on attribue au saint suaire dès le 16ᵉ siècle : je dis de tous, car il y en a plusieurs de bien avérés et qu'on ne peut révoquer en doute sans établir une espèce de pyrrhonisme [24]. Mais qu'il me

---

24. Doctrine de Pyrrhon d'Élis (360–275 av. J.-C.), philosophe grec de l'école des sceptiques. Le pyrrhonisme est une affectation à douter de tout.

soit permis de faire sur ce point quelques réflexions. La première, c'est qu'on n'en voit plus tant de nos jours. Néanmoins, c'est toujours la même dignité dans cette relique et la même vertu ; et l'on trouve autant de foi dans quelques bons chrétiens qui l'honorent maintenant que dans ceux qui vivaient il y a cent et deux cents ans, et peut-être plus de crimes à punir dans les autres. Mais je consens volontiers qu'on ne fasse aucun fond sur cette première réflexion.

I° 136 La seconde, c'est que tant de miracles à la fois détruisent plutôt son authenticité qu'ils ne la prouvent. Car si la vertu miraculeuse du saint suaire fut si féconde dans les derniers siècles, pourquoi a-t-elle été stérile pendant plus de 1500 ans ? On avait besoin de miracles dans les premiers siècles de l'église, parce qu'il fallait établir la religion de Jésus-Christ, et les reliques des saints martyrs en faisaient à tous moments. Les Pères et les historiens se plaisent à les raconter. Où sont décrits ceux du saint suaire ? Quels oracles a-t-il fait taire ? Quels démons a-t-il chassés des corps qu'ils possédaient ? Quels malades a-t-il guéris ? Quelles idoles a-t-il brisées ? Quoi ? Il se sera borné à enrichir secrètement une famille juive qui l'avait volé et qui retenait injustement un dépôt qui appartenait de droit à toute l'Église, et qu'on aurait dû exposer à la vénération publique, et au culte de tous les fidèles ? Tandis que le bois de la vraie Croix a tant fait de bruit dans le monde, qu'on sait mille circonstances de la manière miraculeuse dont elle fut découverte et dont elle se reproduisait en faveur des fidèles, qu'à présent même nous pourrions compter de siècle en siècle, presque toutes les mains par où elle a passé : le saint suaire qui aura été teint du même sang que la Croix, sera demeuré enseveli dans quelque coin de la Palestine, sans que personne en ait parlé, et sans y opérer aucun prodige ? (Sur la vraie Croix, v. S. Paulin, Ep. 31, ad Sever., S. Cyrill. Jerol. Cathec. myst. 4, 10, 13.)

I° 137 Il n'en est pas des églises grecques comme de l'église de Besançon. Les premiers temps de notre histoire ecclésiastique sont aussi incertains et peut-être plus fabuleux que les commencements de la monarchie française, et que l'histoire de la première race de nos rois. Il n'y a qu'à jeter les yeux pour s'en convaincre sur les pièces originales que nous prétendons qui nous en restent, et examiner de sang-froid le peu de faits qu'on peut recevoir pour certains. Excepté Celidonius qui vivait au 5e siècle, la tradition toujours peu sûre dans les faits particuliers et non intéressants, quand elle est si éloignée, ne nous a conservé que les noms de nos premiers archevêques, sans aucun événement : et encore que d'embarras dans leur succession, et d'incertitude dans leur nombre ! Mais les historiens grecs ont pris soin d'écrire mille choses bien moins remarquables que serait le bonheur qu'auraient eu leurs églises de posséder le vrai suaire de Jésus-Christ, et de jouir de ses miracles. Leur silence sur ce point est une preuve qu'ils n'en ont point à raconter ; et si dans ces temps de ferveur et qui demandaient des miracles, notre saint suaire (dont je suppose encore toute l'antiquité) n'en faisait aucun, ce n'est donc pas le vrai suaire de Jésus-Christ.

La troisième de ces réflexions, et qui est bien solide, c'est que nul de ces miracles, n'y en eut-il une infinité, ne prouve autre chose que la sainteté du culte qu'on rend au saint suaire, comme à une image de Jésus-Christ. Dieu peut manifester sa gloire où il lui plaît, et comme il lui plaît. Une prière fervente faite avec foi devant une croix de bois peut toucher son cœur et en obtenir un miracle pour récompense. Le culte des images est solidement établi dans l'Église, il fait même un article de notre Foi. Et puisque nous voyons des images de la Sainte Vierge et des saints qui ont été miraculeuses et qui le sont encore quand on les honore, ce qui prouve qu'on peut les honorer, pourquoi une image de Jésus-Christ ne le serait-elle pas ? et voilà la source des miracles du saint suaire : c'est le culte particulier qu'on lui a rendu au 16ᵉ siècle et qu'on lui rend encore ; et ce culte ils le justifient, mais non pas l'authenticité de cette relique. I° 138

Peut-être que si par une erreur de fait, on honorait dans quelque église particulière de fausses reliques, comme seraient des ossements trouvés au hasard et qu'on attribuerait à quelque saint vrai ou faux, jamais il ne s'y ferait de miracles ; parce que ce culte serait en lui-même faux et superflu, que la bonne foi excuserait dans les hommes, et que Dieu qui sait tout n'autoriserait pas en le récompensant par de vrais miracles. I° 139

Néanmoins, qu'on y prenne garde, les Bollandistes sont d'un sentiment contraire, fondé sur des preuves de fait et d'expérience qui sont toujours au-dessus des preuves de raisonnement. Ils croient que Dieu a récompensé quelquefois par des miracles la bonne foi et la piété crédule de ceux qui honoraient de fausses reliques. Mais que leur opinion soit vraie ou fausse, cela ne fait rien par rapport au saint suaire. Est-ce une véritable relique ? Non ; mais c'est réellement une image de Jésus-Christ, et il y a une différence infinie entre une image, celle de la Croix, par exemple, ou d'un saint reconnu et avéré, et des reliques supposées. Le culte qui se rapporte d'abord à l'image va toujours jusqu'au prototype auquel l'image a un rapport essentiel ; au lieu que de fausses reliques n'ont absolument qu'un rapport imaginaire avec les saints à qui on les attribue. Parce que le saint suaire représente Jésus-Christ, en l'adorant, c'est l'image de Jésus-Christ,

I° 140 c'est lui-même qu'on adore, et qui autorise cette adoration par des miracles ; tous ces miracles n'annoncent rien de plus ; et pourtant ce que l'on sait dire de mieux pour prouver que le saint suaire est authentique, c'est qu'il a fait bien des miracles.

Mais dans quel temps les a-t-il donc faits ces miracles ? Qu'on se souvienne que dans le 14e et le 15e siècle, le saint suaire servait à la représentation de Pâques, et que jusqu'en 1517 il gisait obscurément dans un coin de l'église, également oublié du peuple et du clergé. Il faut se crever les yeux pour ne pas voir que jusque-là on ne le soupçonnait pas d'être authentique. Mais dès lors, on a jugé faussement qu'il n'y avait que le vrai suaire de Jésus-Christ qui pût être miraculeux, comme encore bien des gens le jugent aujourd'hui ; et voilà donc la cause de l'erreur. Voilà comme l'ignorance a divinisé le saint suaire ; c'est à elle que nous sommes redevables du faux préjugé que j'attaque, lequel, comme j'ai dit, n'a pu commencer qu'au 16e siècle. L'époque des miracles du saint suaire, si on l'examine,

I° 141 contredit donc sa prétendue authenticité, bien mieux que cette foule de miracles ne la prouve.

Concluons encore que c'est pour ne pas faire réflexion sur ce que les évangélistes racontent de la sépulture de Jésus-Christ, et pour vouloir confondre la manière dont les juifs ensevelissent leurs morts, avec celle dont nous ensevelissons les nôtres, qu'aujourd'hui bien des gens croient que notre Seigneur a été embaumé dans un grand suaire. Ils sont éblouis par ce texte et par d'autres semblables : *Involvit illud in sindone mundâ et posuit illud in monimento*[25]. Ils s'entêtent du sens ordinaire de ces mots latins, *linteis, linteamina*. Ils croient que le mot français suaire doit se rendre en latin par le mot *sudarium* simplement ; et en tout cela, ils se trompent. Le mot suaire vient plutôt du latin *suere*, qui signifie coudre ; la coutume des Romains étant de brûler les corps, ils ne pouvaient avoir dans leur langue aucun mot

I° 142 qui répondit exactement à notre mot suaire, lequel signifie une de nos choses d'usage.

Enfin, nos pères avaient le saint suaire, ils voyaient ses miracles,

---

25. Matthieu 27:59–60.

ils n'envisageaient plus cette image que d'un œil timide ; et que sais-je s'ils n'avaient pas cru faire un crime d'en soupçonner la supposition et de faire des recherches sur son authenticité ? Ils souhaitaient d'ailleurs que ce fût le véritable suaire de Jésus-Christ et nous le souhaitons nous-mêmes. En faut-il davantage pour se laisser prévenir ? Mais aussi que pouvons-nous croire après tant de preuves qui sont, à mon gré, poussées jusqu'à la démonstration ?

Ce n'est pas sur les désirs d'une piété tendre et peu éclairée qu'il faut juger de la vérité de ces sortes de choses ; ils peuvent se tromper dans tout ce que la Foi ne nous enseigne pas, et de tout temps ils ont été la source de mille pieux préjugés, dont on ne s'est désabusé qu'à la longue et dans des siècles plus éclairés, quoique peut-être moins chrétiens. Par exemple, on a cru longtemps l'authenticité du voile de Véronique et de la Sainte Face. On savait au juste toute la généalogie de celui qui est à Rome ; on en contait mille prodiges, à commencer dès le temps de l'empereur Tibère, qui, comme on le prétendait, avait été miraculeusement guéri de la lèpre par son attouchement ; et à présent, personne ne doute que ce ne soit une relique supposée à laquelle ces deux mots *vera icon*, mal entendus, ont donné créance, et qui est néanmoins digne de notre culte, parce qu'elle est l'image de Jésus-Christ.

I° 143

Honorons donc celle qu'on voit dans notre saint suaire et tenons-nous-en là. Elle est bien capable de toucher un cœur chrétien, en imprimant dans nos esprits, et en nous mettant pour ainsi dire sous les yeux, le mystère sanglant des souffrances et de la mort du Sauveur, celui de la sépulture, et celui surtout de sa résurrection glorieuse.

I° 144

Remerciements

Je remercie Charlotte Chaix de Lavarène pour son aide précieuse à la correction des transcriptions. Toutes erreurs de transcription demeurent les miennes. Je remercie F. Delisle pour ses commentaires judicieux à propos des présentations des dissertations.

Bibliographie

[Bab88] Robert Babinet. Le sindon et la découverte du tombeau vide en Jean 20, 3–10. *Esprit et Vie*, 2:330–336, 1988.

[Bab95] Robert Babinet. Une « solution extrême inutile », la correction du texte grec en Jean 20, 6–7. *Revue des Études Grecques*, 108:219–222, 1995. Voir le site web Persée.

[Bai01] Adrien Baillet. *L'Histoire des Fêtes Mobiles, Instruments de la Passion, Vendredi Saint*, volume 4. Edit. de Paris, chez Jean de Nully, rue Saint-Jacques, à l'Image Saint-Pierre, 1701. [Books] [26]

[Ber31] Nicolas-Sylvestre Bergier. *Plan de la théologie par ordre de matières, suivant lequel il est à propos de lire, le dictionnaire théologique, manuscrit autographe de Bergier*. Charles Deis, 1831. [Books]

[Ber55] Nicolas-Sylvestre Bergier. *Oeuvres complètes de Bergier*, volume 8. J.-P. Migne, 1855. [Books]

[Ber95] Michel Bergeret. Le trou historique 1204–1357. In *L'Identification Scientifique de l'Homme du Linceul — Actes du Symposium Scientifique International, Rome 1993*, pages 345–348. François Xavier de Guibert, Publié en 1995.

[Ber12] Michel Bergeret. Does the letter of Alexius V to Innocent III really exist ? *British Society for the Turin Shroud*, 76, Dec 2012.

---

26. Dans cette bibliographie, une référence notée du symbole [Books] signifie qu'elle peut être consultée en ligne à « Google Books ».

[Chi24]   Johannes-Jacobus Chifflet. *De Linteis Sepulchralibus Christi Servatoris Crisis Historica*. Antwerpia ex Officina Plantiniana, Apud Balthasarem Moretum, & viduam Joannis Moreti, & Io. Meursium, Anvers, 1624.

[Chi31]   Jean-Jacques Chifflet. *Hiérothonie de Jésus-Christ ou Discours des Saincts Suaires de Nostre Seigneur, Extrait et Traduit du Latin par A.D.C.P.* À Paris, Chez Sébastien Cramoisy, rue Saint-Jacques, aux Cigognes, 1631.

[Cri85]   Dorothy Crispino. Doubts along the Doubs. *Shroud Spectrum International (SSI)*, 14:10–24, March 1985. shroud.com/pdfs/ssi14part5.pdf.

[dC50]   François-Ignace Dunod de Charnage. *Histoire de l'Église, Ville et Diocèse de Besançon*. Jean-Baptiste Charmet, 1750.

[Del77]   Edouard Delebecque. Le tombeau vide (Jean 20, 6–7). *Revue des Études Grecques*, 90:239–248, 1977. Voir site web Persée.

[dG74]   Paul de Gail. *Histoire Religieuse du Linceul du Christ — de Jérusalem à Turin*. France-Empire, 1974.

[Ebe86]   Louis Eberlé. *La Confrérie du Saint-Suaire et de la Croix pour la Sépulture des Pauvres à l'Hôpital Saint-Jacques de Besançon*. Imprimerie et Lithographie de Paul Jacquin, Besançon, 1886.

[Feu77]   André Feuillet. La découverte du tombeau vide en Jean 20, 3–10 et la foi au Christ ressuscité. *Esprit et Vie*, pages 257–266 ; 273–284, 1977.

[Gau84]   Jules Gauthier. *Notes Iconographiques sur le Saint-Suaire de Besançon*. Kessinger Legacy Reprints, 1884.

[Gau00]   Jules Gauthier. *Inventaire sommaire des Archives départementales antérieures à 1790 : Nos 1 à 1139*. Archives départementales du Doubs, 1900.

[Gau02]   Jules Gauthier. Le Saint-Suaire de Besançon et ses pèlerins (séance du 13 mai 1893). *Mémoires de la Société d'Émulation du Doubs*, 7, Mai 1902.

[Gol46]   Loys Gollut. *Les Mémoires Historiques de la République Séquanoise et des Princes de la Franche-Comté de Bourgogne*. Auguste Javel, à Arbois, 1846.

[Gre93]   Maurice Gresset. Les complots antifrançais en franche-comté dans la guerre de succession d'espagne. In *Complots et conjurations dans l'Europe moderne. Actes du colloque international organisé à Rome, 30 septembre au 2 octobre 1993*, 1993. Voir le site web Persée.

[Gui67]   L'Abbé Guibard. L'ostension du saint-suaire. In *Annales Franc-Comtoises, Revue Religieuse, Historique, et Littéraire*, volume VII, pages 319–326. Besançon, J. Jacquin, 1867.

[Hou12]   Alain Hourseau. *Autour du Saint Suaire et de la collégiale de Lirey (Aube)*. Books on Demand, bod.fr, 2012.

[JJE82]   John P. Jackson, Eric J. Jumper, and William R. Ercoline. Three dimensional characteristic of the Shroud image. In *IEEE 1982 Proceedings of the International Conference on Cybernetics and Society*, October 1982.

[Lon73]   Jean Longnon. Les premiers ducs d'Athènes et leur famille. *Journal des Savants*, pages 61–80, 1973.

[Rin81]   Pasquale Rinaldi. Un documento probante sulla localizzazione in atene della santa sindone dopo il saccheggio di costantinopoli. In *La Sindone. Scienza e Fede, Bologna 1981 (Actes du symposium publiés en 1983)*, pages 109–113, 1981.

[Rob00]   Ulysse Robert. *Les Origines du Théâtre à Besançon*. Lu dans la séance du 10 janvier, 1900.

[Rob84]   René Robert. Controverses sur les linges du tombeau vide (Jean 20, 3–10). *Bulletin de l'Association Guillaume Budé*, pages 40–50, 1984. Voir le site web Persée.

[Sca08]   Daniel C. Scavone. Besançon and other hypotheses for the missing years : the Shroud from 1200 to 1400. In *Shroud Science Group International Conference, Ohio State University, Blackwell Hotel, 14–17 August*, 2008.

[Sca10]   Daniel C. Scavone. Documenting the Shroud's missing years. In *International Workshop on the Scientific Approach to the Acheiropoietos Images, ENEA Research Center, Frascati, Italy, 4–6 May*, 2010.

[Sca14]   Daniel C. Scavone. Constantinople documents as evidence of the Shroud in Edessa. In *Shroud of Turin : The*

Controversial Intersection of Faith and Science, St-Louis, Missouri, Drury Plaza Hotel, 9–12 October, 2014.

[Sco03] John Beldon Scott. *Architecture for the Shroud, Relic and Ritual in Turin*. The University of Chicago Press, 2003.

[Vig02] Paul Vignon. *Le Linceul du Christ, étude scientifique*. Masson et Cie, 1902.

[Vig38] Paul Vignon. *Le Saint Suaire de Turin Devant la Science, l'Archéologie, l'Histoire, l'Iconographie, la Logique*. Masson et Cie, 1938.

[wdlBMdB] Site web de la Bibliothèque (MemoireVive) de Besançon. Manuscrit 826. `memoirevive.besancon.fr/ark:/48565/a011324049269Vm9gTM/1/1`. Accédé le 20 février 2015.

[Wil10] Ian Wilson. *The Shroud — The 2000-year-old Mystery Solved*. Bantam Press, 2010.

[Zac97] Gian Maria Zaccone. Le manuscrit 826 de la Bibliothèque municipale de Besançon. In *Actes du IIIe Symposium Scientifique International — Nice*, 1997.

Table des Matières

1 Introduction 7
2 Présentation de la Première Dissertation 11
   2.1 Date de Rédaction et Auteur 11
   2.2 Structure de la Première Dissertation 13
3 Présentation de la Seconde Dissertation 17
   3.1 Date de Rédaction et Auteur 17
   3.2 Structure de la Seconde Dissertation 19
4 Le Suaire de Besançon 23
   4.1 Les Ostensions du Suaire de Besançon 23
      4.1.1 Les Ostensions Publiques 23
      4.1.2 Les Ostensions Privées du Suaire de Besançon 27
   4.2 Les Ostensions du Suaire de Besançon et du Suaire de Turin 29
   4.3 L'Authenticité du Suaire de Besançon 31
   4.4 La Thèse de Besançon 32
   4.5 Le Chevalier Othon de la Roche 32
   4.6 La Tridimensionnalité de l'Image 36
5 Notes des Transcriptions 39
   5.1 Notes pour la Première Dissertation 40
6 Dissertation Pour l'Authenticité 41
   6.1 Préface 41
   6.2 Avertissement 44
      6.2.1 La Fausse Histoire du Suaire de Lirey 54
      6.2.2 Conclusion 55

		6.2.3 Structure de Cette Dissertation	56
	6.3	Les Preuves de la Vérité du Saint Suaire de Besançon	57
		6.3.1 1er Preuve. La Tradition de l'Église de Besançon	57
		6.3.2 2e Preuve. L'Histoire du Saint Suaire	60
		6.3.3 3e Preuve. La Perpétuité de la Foi Catholique, et de la Discipline Ecclésiastique dans l'Église de Besançon	68
		6.3.4 4e Preuve. L'Authenticité du Saint Suaire . . .	74
		6.3.5 5e Preuve. La Conformité de ce Suaire	75
		6.3.6 6e Preuve. L'Intégrité de ce Suaire	79
		6.3.7 7e Preuve. Ce Suaire est Unique au Monde . .	81
		6.3.8 8e Preuve. Les Miracles que Dieu a Opérés par le Saint Suaire	82
	6.4	La Vérité par la Solution des Objections	87
		6.4.1 1er Objection. Les Plaies au Milieu des Mains .	87
		6.4.2 2e Objection. Le Suaire sur la Face de Jésus-Christ	91
		6.4.3 3e Objection. Multiplicité des Suaires dans le Monde	93
		6.4.4 4e Objection. La Toile du Suaire de Besançon n'est pas Ancienne	93
		6.4.5 5e Objection. Le Suaire de Besançon est une Peinture	94
		6.4.6 6e Objection. Les Inventaires ne Mentionnent pas le Suaire de Besançon	95
		6.4.7 7e Objection. Baronius et Sponde ne Mentionnent pas le Suaire de Besançon	97
		6.4.8 8e Objection. Maimbourg ne Mentionne pas le Suaire de Besançon	98
	6.5	Conclusion	100
7	**Dissertation Contre l'Authenticité**		**101**
	7.1	1er Preuve. De la Supposition du Saint Suaire	102
	7.2	2e Preuve. L'Empreinte du Saint Suaire	108
	7.3	3e Preuve. La Nouveauté du Saint Suaire	112
	7.4	4e Preuve. L'Origine du Saint Suaire	114
	7.5	5e Preuve. Les Premiers Siècles	119
	7.6	6e Preuve. Les Miracles du Saint Suaire	121

Remerciements	**126**
Bibliographie	**128**
Table des Matières	**133**

© 2015, Mario Latendresse

Éditeur : BoD — Books on Demand, 12/14 rond-point des Champs Élysées, 75008 Paris
Impression : Books on Demand, Norderstedt

ISBN : 978-2-3220-1277-0
Dépôt légal : Février 2015